学会培养你的情商

于志军　主编

中国商业出版社

图书在版编目（CIP）数据

学会培养你的情商 / 于志军主编 . — 北京：中国商业出版社，2019.8

ISBN 978-7-5208-0917-7

Ⅰ . ①学… Ⅱ . ①于… Ⅲ . ①情商—通俗读物 Ⅳ . ① B842.6-49

中国版本图书馆 CIP 数据核字 (2019) 第 212675 号

责任编辑：王彦

中国商业出版社出版发行
010-63180647　www.c-cbook.com
（100053 北京广安门内报国寺 1 号）
新华书店经销
天津兴湘印务有限公司印刷

* * * * *

710 毫米 ×1000 毫米　16 开　12 印张　130 千字
2020 年 6 月第 1 版　2020 年 6 月第 1 次印刷

定价：42.00 元

* * * * *

（如有印装质量问题可更换）

目 录

目 录

第一章　你对情绪知多少　(1)

内容描述　(3)

　　走近情绪　(3)

　　情绪智力中的若干问题综述　(6)

重点透视　(18)

　　什么是情绪智力　(18)

　　情绪智力的基本内容　(19)

　　应该客观地对待情商学说　(29)

　　教学过程中的情商理论应用　(33)

温馨提示　(37)

　　培养学生的认知技能　(37)

相关链接　(39)

　　情商与儒家的道德修养理论　(39)

第二章　认识自身的情绪　　　　　　　　(45)

内容描述　　　　　　　　　　　　　　(47)
  情绪的定义　　　　　　　　　　　　　(47)
  情绪和情感在定义上的区别　　　　　　(49)
  情绪的种类　　　　　　　　　　　　　(52)

重点透视　　　　　　　　　　　　　　(58)
  测试你的性格类型　　　　　　　　　　(58)

温馨提示　　　　　　　　　　　　　　(64)
  了解你的气质　　　　　　　　　　　　(64)
  测试你的气质类型　　　　　　　　　　(69)
  测试你的意志力　　　　　　　　　　　(74)

相关链接　　　　　　　　　　　　　　(77)
  情绪的作用　　　　　　　　　　　　　(77)

目 录

第三章 情绪的自我管理　　　　　　　　　（85）

内容描述　　　　　　　　　　　　　　　　（87）

　　好的情绪与健康的心理状态　　　　　　　（87）

重点透视　　　　　　　　　　　　　　　　（88）

　　中小学生情绪的调节方法　　　　　　　　（88）

温馨提示　　　　　　　　　　　　　　　　（105）

　　情绪调节对情绪健康起的重要作用　　　　（105）

相关链接　　　　　　　　　　　　　　　　（109）

　　情绪在教育教学中的功能　　　　　　　　（109）

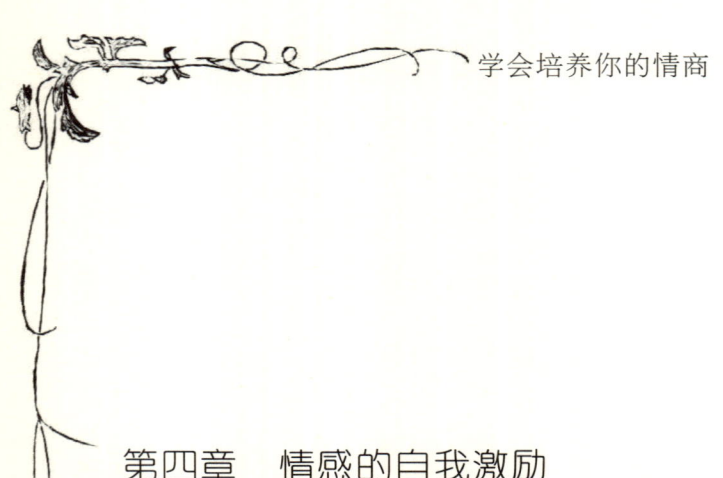

第四章　情感的自我激励　　　　　　　　　（113）

内容描述　　　　　　　　　　　　　　　　（115）

　　情感有什么样的特征　　　　　　　　　　（115）

　　情感的形式与学习　　　　　　　　　　　（116）

重点透视　　　　　　　　　　　　　　　　（125）

　　自我激励——立志　　　　　　　　　　　（125）

　　自我激励——意志　　　　　　　　　　　（127）

　　自我激励——榜样　　　　　　　　　　　（132）

温馨提示　　　　　　　　　　　　　　　　（134）

　　自我激励十九法　　　　　　　　　　　　（134）

相关链接　　　　　　　　　　　　　　　　（140）

　　激励学生的技巧　　　　　　　　　　　　（140）

目 录

第五章　认知他人情绪　　(147)

内容描述　　(149)
　　学会考虑别人的感受　　(149)
　　如何知人　　(150)

重点透视　　(152)
　　对他人的认知——血型　　(152)
　　对他人的认知——体态行为　　(159)

温馨提示　　(170)
　　对自己人际关系情况的鉴定　　(170)

相关链接　　(172)
　　笔迹与情绪　　(172)

你对情绪知多少

NI DUI QING XU ZHI DUO SHAO

第一章　你对情绪知多少

走近情绪

当我们在生理或精神上受到外来刺激时,会引起种种心理反应,这些反应即为情绪。

为什么面对困难和烦恼,有的人轻松愉快、若无其事,有的人却神情沮丧、消极沉沦?为什么有的人能够适应任何环境?这些,都和我们的情绪有着莫大的关系。人的情绪是变化多端的,情绪的多样性说明它是一个极其复杂的心理现象,有独特的心理过程,也有生理唤醒、主观体验和外部表现。因此,情绪最能表达人的内心状态,可以说它是人心理状态的晴雨表。积极的情绪是对事物或事件的认可、支持、满意的心理表现,它可以提高中学生的自信,促进他们创造性地学习,养成良好的习惯,从而不断地健全人格。消极情绪则是一种对事物或事件不满、厌恶、抵触的心理,它会使人意志消沉、兴趣低落,阻碍学生健康成长。因

此,情绪对学生个体成长具有重要意义。

(一)情绪与身心健康的关系

人是有感情的动物,喜怒哀乐皆有之,因此,情绪的调适与心理健康关系最为密切。

愉快而平稳的情绪,能使人的大脑处于最佳状态,保证身体内各器官系统的活动协调一致,使得食欲旺盛,睡眠安稳,精力充沛,充分发挥有机体的潜能,提高脑力和体力劳动的效率和耐久力。愉快的情绪还能使整个机体的免疫系统和体内化学物质处于平衡状态,从而增强对疾病的抵抗力。达观快乐的积极情绪还能使别人更喜欢接近自己,从而有助于建立良好的人际关系。

而不良的情绪对人的身心健康有着巨大的危害性,因情绪激动而失去理智的现象,在日常生活中是屡见不鲜的。一些学生平时成绩不错,到了考试时,由于过分紧张,成绩反而降低。有些运动员在重大比赛中,也常常会因心情紧张而临场发挥不好。

另一种不利的情形是情绪的持久性反应。当人们在焦虑、忧愁、悲伤、惊恐、愤怒、痛苦时,会发生一系列生理变化,这是正常现象。当情绪反应终了时,生理方面将恢复平静。通常此类变化为时短暂,没有什么不良的影响,但若情绪作用的时间延续下去,则生理方面的变化也将延长。久而久之,就会通过神经机制和化学机制引起心血管系统、消化系统、泌尿生殖系统、呼吸系统、内分泌系统等各种躯体疾病。

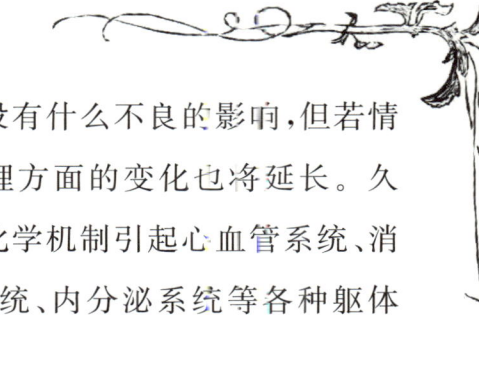

(二)情绪与学习的关系

情绪与学习成绩有很大的关系,积极情绪是学习取得成功的动力,消极情绪则是学习活动的障碍。情绪状态决定学生记忆的效果,控制学生思维的灵敏性和选择性,还能激发学生的想象力。良好的情绪状态能起到集中注意力、增强记忆力、提高学习效率的作用。反之,则会引起学生注意力涣散、记忆力减退、学习效率降低。

(三)情绪与行为的关系

随着年龄的不断增长,生活空间的不断扩展,学生的情绪会日益地参与到认识的过程中来,让情绪对自己的影响日益增多。积极的情绪可以调动潜能,提高对环境的适应能力;消极情绪则相反,强烈的消极情绪会使学生思维紊乱,举止失态……如不加以调控,甚至会背离社会公德与法律,走上犯罪道路。

(四)情绪与人际关系

在学生的成长过程中,良好和谐的人际关系是身心健康发展的重要条件。健康积极的情绪是维系正常人际关系的纽带,为个体的个性发展创造了和谐稳定的氛围。而冷漠、自卑、暴躁等消极情绪不仅妨碍团结友谊的建立,而且容易把自己孤立起来,使自己成为集体中的"局外人"。

情绪智力中的若干问题综述

美国教育学家加德纳曾经在《智能的构造》一书中明确指出,人的智慧和能力是多种多样的,至少归为七大类,即语言与数学这两种标准的学业能力,空间认知能力,运动才华,音乐天赋,而最后两种他称为"个人智能(亦译人格智能)"的同体两面,一面是人际关系能力,另一面是所谓"内心的"自我审视能力。人格智能与一个人的为人处世密切相关,能够把握自己内心的真实情感、自我协调,才能认知他人的情绪、动机、愿望,并做出适当的反应,建立良好的人际关系。

情绪智力这一词语由美国心理学家彼得·沙洛维和约

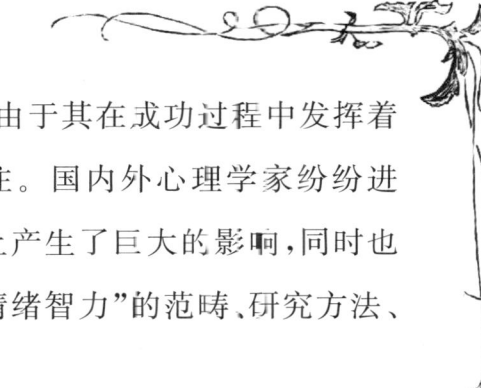

翰·梅耶在1990年提出之后,由于其在成功过程中发挥着重要作用,引起了人们广泛关注。国内外心理学家纷纷进行研究和宣传,一时间在社会上产生了巨大的影响,同时也激起许多争论。本书试图对"情绪智力"的范畴、研究方法、本土化等问题进行一些探讨。

(一)情绪智力都包含哪些方面

情绪智力都包含哪些方面?目前还没有一个特别明确的定义。很多心理学专家都只论述了情绪智力的内容而没有给出一个确切的包含范围。戈尔曼认为情绪智力应包括五个方面:①自我觉察能力;②情绪管理能力;③自我激励能力;④冲动控制能力;⑤人际技巧。沙洛维和梅耶把情绪智力看作是个体准确、有效地加工情绪信息的能力,它包括以下四方面的内容:①情绪的知觉、鉴赏和表达的能力;②情绪对思维的促进能力;③对情绪理解、感悟的能力;④对情绪成熟的调节,以促进心智发展的能力。这四方面能力在发展与成熟过程中有一定的次序先后和级别高低之分。1级能力最基本和最先发展,4级能力比较成熟,而且要到后期才能发展。国内学者对情绪智力的构成也提出了自己的一些看法。

目前要想对情绪智力下一个比较完整的、大家都能认同的定义是不现实的,因为情绪智力提出的时间还很短,还有许多前期的探讨和论证工作要做。从传统智力概念确定的艰难性可以断定情绪智力还要进行很长一段时间的争论。近百年来,智力的概念一直困扰着心理学界和教育学界。1921年,美国《教育心理学杂志》公开号召解决这一难题,请17位知名心理学家专门讨论这一难题,结果还是众说纷纭。1987年,美国《智力》杂志社又召集24位著名专家,对智力问题进行了第二次大讨论,仍未达成统一意见。

目前不仅仅是情绪智力的概念说法不一,其外延的界定也存在巨大的分歧。不是过于狭窄就是过于宽泛,有的仅限于为人处世、待人接物等人际关系方面的情绪内容,而有的又把所有的非智力因素都当作情绪智力来对待。有的为了通俗化,将其变成了"生活智力",如戈尔曼将情绪智力扩展为了解自我、管理自我、自我激励、识别他人情绪、处理人际关系五个方面。此种情况与情绪智力的本质特征还没有定论有着密切的联系,有待于在实证研究的基础上做出进一步的理论概括。

在情绪智力的概念尚未达成共识的时候,有必要弄清

第一章 你对情绪知多少

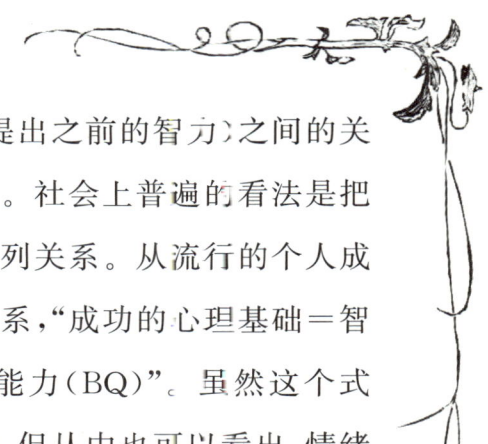

情绪智力与传统智力(情绪智力提出之前的智力)之间的关系。现在存在着两种对立的观点。社会上普遍的看法是把情绪智力和传统智力看作一种并列关系。从流行的个人成功的公式中就可以看出二者的关系,"成功的心理基础＝智力(IQ)×情绪能力(EQ)×行为能力(BQ)"。虽然这个式子的完整性及说服力还有待商榷,但从中也可以看出,情绪智力与传统智力是并列的关系,具有同样的价值。最能获得成功的人,不是单纯的高智商的人,也不是仅仅情商高的人,而是两者之间取得相互平衡的人。过去很少注意到情绪智力的潜能和作用,我们习惯于把情绪看作理性的对立面,认为是非组织化的、杂乱无章的,具有潜在的破坏性,必须给予控制。情绪智力的提出对传统心理学研究中的"理性主义"偏见无疑起到了一种纠正作用。

另外一种观点是把情绪智力看作是对传统智力的发展,是对智力内涵的新补充。心理学界普遍认同这种观点。从字面上也容易理解,"情绪智力"本身就有"智力"二字。传统智力注重认知能力,智力测验偏重于测量知识,没有考虑到智力赖以形成和发展的背景,更没有考虑到它的社会内容,并没有真正体现人类智力的本质。情绪智力的提出拓展和延伸了智力的社会内涵,使智力的应用更具有现实性,对个人的成就更具有指导意义。此外,从其产生的理论渊源也可以说明情绪智力是对传统智力内涵的新建构。目前比较新的智力理论当数美国的加德纳提出的多元智能理论。他认为没有什么单一的智力,智力至少可分为七类:语言智力、数理逻辑智力、空间认知智力、音乐智力、身体运动智力、人际关系智力、自省智力。前三种是人们所熟悉的智力构成要素,是智力测验所测量的东西。实际上,戈尔曼把加德纳的人际关系能力的内容转化成了情绪智力的核心。情绪智力同时也接受了斯腾伯格的社会智力概念。斯腾伯格提出的智力三元理论分别从主体生存的外部世界、主体对信息进行心理表征和操作的内部世界、连接外部世界和内部世界的经验世界去刻画和描述智力的特征。这就构成了三元理论的三个主要成分:情境亚理论、经验亚理论和成分亚理论,而戈尔曼主要接受了斯腾伯格情境亚理论的思想。这种理论认为智力是一种对主体生存环境的适应、选择和改造行为,不同社会文化背景的人对智力和行为内涵的理解不同,智力行为的测量必须带有更多的现实生活的特点。戈尔曼强调识别他人的情绪,调控、处理好人际关系,同样看到了社会文化对智力的制约作用。由此可见,把情绪智力从属于智力应该是顺理成章的事了,情绪智力只

是对传统智力内涵的一种扩展。

（二）现阶段对情绪智力研究所运用的方法

情绪智力这一理论,就目前来说,尚属于初创阶段,还没有形成完整的理论体系和成熟的研究内容,在许多问题上还有待慢慢开发和接受检验。情绪智力如果想要得到迅速而具有突破性的进展,那么就必须解决好研究方法这一重要问题。

对情绪智力理论的诸多批评中,有一部分是认为情绪理论过分强调经验范式的重要性,缺乏有力的实证性检验和支持。心理学家们对情商的研究,特别是实验研究还是很少的,只是认识到情商是影响成功的一个重要因素,至于它和智商相比哪个重要,重要到什么程度还没有明确的认识。情绪智力运用现象学的研究方法比较多,其结论缺少数量化的说服力。

实际上,在目前对情绪智力的研究方法也是多种多样的,并且也取得了一定的成果。其中罗森塔尔设计了一套衡量辨别他人情绪特征能力的测验——非言语敏感测验,它呈现给被试的是某青年女性表现厌恶、母爱、感激、嫉妒、请求宽恕等情感的一组录像,每个画面都有一至几个非语言交流信息,要求被试通过非语言信息辨别人物的情绪情感。研究结果还表明,测验得分较高的儿童在学校中更受人喜爱,学习成绩更好,但他们的智商只是中等。这个测验虽只测量了人类移情能力的一部分,但它说明了情绪智力并非无法测量,它为我们量化情绪智力起到了启示作用。美国宾夕法尼亚大学塞利格曼的乐观态度测验也证明了这一点,他以保险推销员为对象来追踪研究乐观对工作绩效的影响,在对比研究中,乐观态度测验获高分的人员工作任务完成得最好。

总体来说,目前情绪智力的研究还有很大的局限性,虽然进行了许多实验,也得出了一些证据,但是许多证据只是证明了这样一个结论——情绪智力非常重要,它是影响个人成功的重要因素。而至于重要到什么程度、水平高低的标准如何表示、内部结构层次怎样、如何培养和提高情绪智力等都有待今后的研究。

对于情绪智力的研究,我们不能因为它倾向于人本主义而只看到它的不足。有学者认为:"要从理性的角度证明人本主义的概念是困难的,其情感色彩太厚。人本主义基本上是一门常识性的学科。"这种观点难免有偏颇之处。过去我们对心理学的研究倾向于自然科学所广泛采用的实

第一章 你对情绪知多少

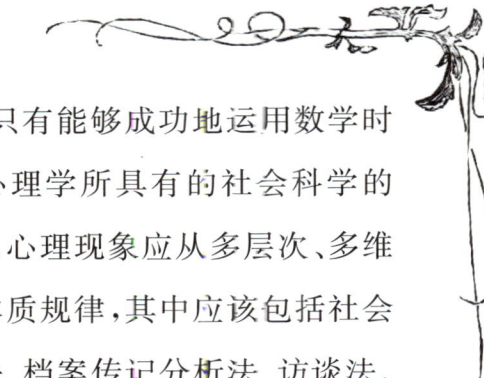

验、数据分析等方法,甚至认为只有能够成功地运用数学时才能称其为科学,这就忽视了心理学所具有的社会科学的属性。人的心理是非常复杂的,心理现象应从多层次、多维度,运用多种方法才能揭示其本质规律,其中应该包括社会科学的研究方法,如追踪研究法、档案传记分析法、访谈法、经验总结法、调查对比法等。

马斯洛提出的"以方法为中心"和"以问题为中心"两种科学研究倾向的概念,对我们如何研究情绪智力是很有启发意义的。马斯洛认为"以方法为中心"的研究者研究的是那些实验上简单而价值甚微或意义不大的问题,一味强调雅致、完善,强调技术、设备。无论一个实验实际上多么无足轻重,只要在方法上令人满意,它就很少受到批评。方法中心论过分强调数量关系的倾向,他们看重的是表达的方式,而不是表达的内容,他们把精确看成了目的本身。马斯洛认为这种方法导致了传统心理学研究上的缺陷,他提出心理学研究应当"以问题为中心",应当为解决人类迫切要解决的问题、重要问题做出贡献,但是,这些往往又存在着方法上的困难。马斯洛的分析为我们指出过去心理学研究上的一些误区,应该给予肯定。但是,在实际研究中,问题与方法是不能分开的,否则心理学研究的道路只会越走越窄,而要解决问题就必须以方法为手段。情绪智力对于个人工作、生活的重要意义已经达成共识,目前的任务应该是建立情绪的结构模式及测量标准,并对提高情绪智力提供具有操作性的建议。

(三)情绪智力在心理学中的本土化研究成果

在心理学研究中,目前处于领先地位的是西方心理学,这主要是因为社会、经济发展的不平衡决定的。西方心理学的理论和流派犹如人的血液一样深深地根植于西方文化之中,但是西方心理学的适用范围是很有限的。心理学应该是本土化的,因为每一个国家的国情都是不同的,没有心理学的本土化,就没有真正意义上的心理学世界化。我国的心理学研究起步较晚,改革开放以来的心理学研究也都主要是对西方心理学的引进和介绍,这里有其历史的原因。经过这些年的努力,我国已经具备本土化研究的条件,许多学者正在进行这方面的探索,港台的心理学家也为我们提供了许多值得借鉴的经验。进行本土化研究要选择好突破口,笔者认为情绪智力的本土化研究是较为理想的突破口之一。

情绪智力的研究起步较晚,从理论的提出到现在,也不

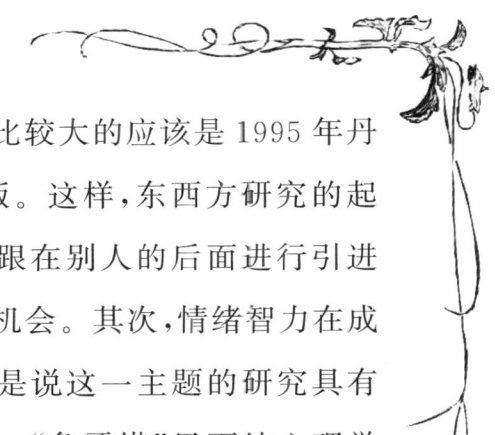

过二十几年的时间,而真正影响比较大的应该是1995年丹尼尔·戈尔曼《情感智商》的出版。这样,东西方研究的起点就没有太大的差异,不需要总跟在别人的后面进行引进和介绍工作,可以有更多的创新机会。其次,情绪智力在成功中的作用是显而易见的,也就是说这一主题的研究具有广泛的应用性,符合社会的需要。"象牙塔"里面纯心理学研究是没有出路的,面向社会、参与生活,大力加强应用心理学研究的广度和深度,心理学才有蓬勃向上的生命力。情绪智力的研究从中小学生心理素质的提高到人际关系的改善、从企业的人力管理到个体潜能的发挥都具有重大的现实指导意义。最后,情绪智力作为社会智力的延伸和拓展,其研究不可能离开具体的社会文化背景。对于本土化研究的选择,杨国枢教授曾从整个心理科学的角度提出应优先选择以下四类研究:①界定及代表某一主要心理学研究范畴的基本研究;②成为某一主要心理学理论之基础的研究;③具有显著实用价值的研究;④其结果易受社会文化因素影响的研究。具体到情绪智力,它符合③、④两个优选的条件。自我觉知、自我激励、移情、处理人际关系等都是情绪智力的主要内容,无论哪一部分,其特点、规律、原则都离不开具体的社会人际环境。比如,在中国建立和维持人际关系以及交往的过程中,人情发挥着巨大的作用。在西方社会,人们在人与人的交往中更多的是权衡交往中个人需要的满足和利益得失,遵循公平法则而表现出交换行为。而在中国人的社会,由于社会演变和发展的进程中经历了家族化过程,存在普遍的泛家族主义的文化观念,因此,人们在进行交往建立关系的活动中则是遵循人情法则而表现出相应的互惠互利行为。可以说,对中国人的情绪智力进行研究离不开其博大精深的社会文化背景,而进行本土化的研究是提高其理论层次的基础。

早在两千多年前,道家学派的创始人老子就明确提出:"知人者智,自知者明。"孔子还提出了知人的原则,例如:"听其言,观其行""视其所以,观其所由,察其所安"。可见,针对情绪智力,我国古代思想家早就有论述。近年来,我国的心理学工作者对情绪智力的内涵提出了具有中国特色的一些见解。张瑞良认为:情绪智力是指人具有一种善于调适五觉感受、平衡六欲取值、控制七情抒发及保持八方和合的理智和能力。"调适五觉感受"是指调节视觉、听觉、嗅觉、味觉和触觉的感受,使其与外界的各种刺激相适应;"六欲"指人的食欲、性欲、知欲、名欲、利欲、权欲,必须对进取欲望的数量关系做出平衡,使其与外界可能提供的满足程

第一章　你对情绪知多少

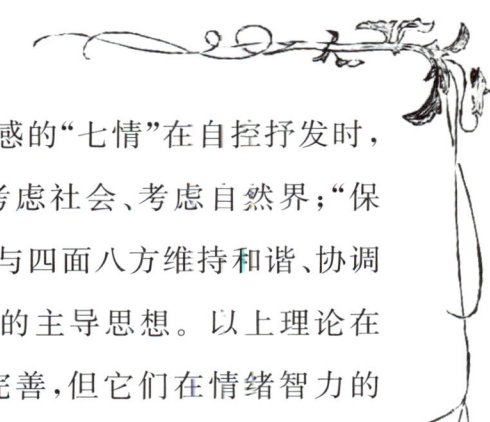

度保持相对的平衡;泛指各种情感的"七情"在自控抒发时,既要考虑自己,又要考虑他人、考虑社会、考虑自然界;"保持八方和合"指抒发情感时保证与四面八方维持和谐、协调的良好关系,它是支配情绪智力的主导思想。以上理论在内容的包容性方面尚待进一步完善,但它们在情绪智力的本土化研究上迈出了可喜的一步。笔者认为今后应从以下两方面进行纵深的探讨。

一方面是解决情绪智力研究的取向问题。情绪智力的范围广泛而繁杂,如果研究者没有确定在哪一个层次上开展研究,其结果不是肤浅就是混乱。情绪智力可以从以下四个层次上进行:一是大脑生理结构层次,主要回答大脑的哪些部位与情绪智力有关,大脑机能定位是否适用于情绪智力。二是大脑的生理功能层次,神经系统的哪些特征与情绪智力有关。三是个体的心理结构层次,情绪智力的心理结构由哪些组成,哪些心理因素影响情绪智力的提高和发展。四是社会文化层次,哪些社会因素与情绪智力的发展有关,怎样的社会关系才是情绪智力潜能最大发挥的理想环境。心理学家的研究重点应该是第三和第四个层次。目前的研究结论过于空洞、过于一般化,更没有从中国社会人与人之间的关系特点出发进行研究。

另一方面是对情绪智力的应用性进行研究，就是如何提高一个人的情绪智力。这些研究完全可以与基础理论研究同时进行，不能等到理论研究比较完善了，才来解决其实际应用问题。其实，社会现实的需求及应用更能刺激相关理论的发展。关于情绪智力的提高，当前只是集中在宏观上的原则性指导，对于微观的可操作性的研究还没有突破性的进展，应该加强这方面的研究，其现实意义才具有更强大的说服力。

什么是情绪智力

我们都认为一个人智商很高，那么这个人一定是一个聪明、思维敏捷、头脑灵活的人。但一个人真的是只要有高智商就一定有高成就吗？答案是否定的。

戈尔曼在他的《情感智商》一书中提道："真正决定一个人成功与否的关键是情商而非智商。"情商是情绪智力的一个指标，情绪智力包括一系列相关的心理过程，这些过程可以概括为三个方面：准确地识别、评价和表达自己和他人的情绪;适应性地调节和控制自己和他人的情绪;适应性地利用情绪信息,以便有计划地创造性地激励行为。当今社会,成功更需要合作,单凭一个人的能力是远远不够的,如何与他人和谐相处,如何调动自己和他人的积极性,都与情绪智力有关。孤傲、孤僻、孤独的人,是最不快乐的。因为这些人不会或不愿表达自己的情感,他们也不能很好地识别他人的情绪表现以致使别人敬而远之,更谈不上合作了。在学校中,我们看到有些优等生在人际交往中却显得力不从心,而近年引起关注的大学生伤熊事件,再一次反映了情感教育的缺陷。这些高智商的学生,其情绪智力却急需提高。除了能够理解人,学会分享他人的快乐与悲伤外,积极调试自我状态,不沉迷不放弃,保持韧性也是高情绪智力的表现。所以说,成功是头脑和态度、意志等方面的综合。

情绪智力的基本内容

(一)情绪智力的内涵

一般来说,是根据情绪的能力来体现情绪智力的内涵的。开始心理学家把监察自身和他人的感情和情绪的能力,区分情绪之间差别的能力,以及运用这种信息以指导个人思维和行动的能力定义为情绪智力。但是这一定义和其他早期的定义在有些地方含义不明确,在某种意义上仅仅论及对情绪的知觉和调节,忽略了对情绪的思维,显得有些单薄。后来定义修正为:情绪智力包含准确地觉察、评价和表达情绪的能力;接近并(或)产生感情以促进思维的能力;理解情绪及情绪知识的能力;调节情绪以助情绪和智力发展的能力。这种能力包括以下四个方面:第一,根据自己的状态、情感和思想所处阶段辨认自己情绪的能力;第二,情绪对思维的促进引导能力;第三,通过语言描述认知情绪的能力;第四,促进心理成长发展的能力。这四方面能力在发展与成熟过程中有一定的次序先后和级别高低的区分,第一类对于自我情绪的知觉能力最基本和最先发展,第四类情绪调节能力比较成熟,而且要到后期才能发展。这四方面的能力具体如下。

(1)从自己的生理状态、情感体验和思想中辨认自己情绪的能力。通过语言、声音、仪表和行为从他人、艺术作品、各种设计中辨认情绪的能力;准确表达情绪,以及表达与这些情绪有关的需要的能力;区分情绪表达中的准确性和真实性的能力。

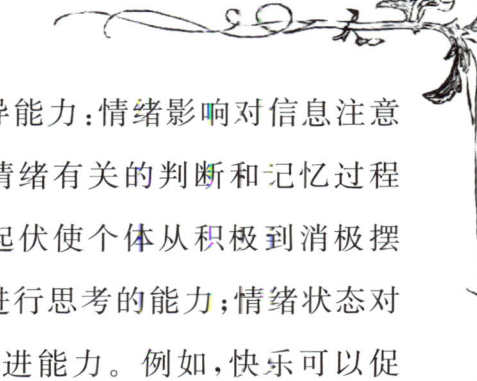

(2)情绪对思维的促进引导能力:情绪影响对信息注意的方向;情绪生动鲜明地对与情绪有关的判断和记忆过程产生积极作用的能力;心境的起伏使个体从积极到消极摆动变化,促使个体从多个角度进行思考的能力;情绪状态对特定的问题解决具有不同的促进能力。例如,快乐可以促进归纳推理和创造性,抑郁可以促进演绎推理和深刻思考。

(3)通过语言描述来认知情绪的能力,例如对"爱"与"喜欢"之间区别的认识;理解情绪所传达意义的能力,例如伤感往往伴随着失落;理解复杂心情的能力,例如爱与恨交织的感情;认识情绪转换可能性的能力,例如愤怒可转换为满意,也可转换为羞耻。

(4)促进心理成长发展的能力,以开放的心情接受各种情绪的能力,包括愉快的和不愉快的;据所获知的信息与判断成熟的浸入或离开某种情绪的能力;觉察与自己和他人有关的情绪的能力,比如其明确性、典型性、影响力、合理性等;理解自己与他人情绪的能力,缓和消极情绪,加强积极情绪,并且做到没有压抑或夸张。

由以上的一系列论述可以看出,情绪智力的核心要点在于强调:认知和管理情绪(包括自己和他人的情绪)、自我激励、正确处理人际关系三方面的能力。但是,这种对于情绪智力的理解,相对来说,是比较完善的,然而国内一些研究者也对之进行了矫正。认为该定义以及相应的情绪智力的内涵把动机、兴趣、意志等排除在情感智力之外,这种理论仍然是不完善的。事实上,动机、兴趣、意志与情感有密切关系,有的甚至就是一种情感或情绪。

也正是因为这样,国内的一些研究者在国外情商学说的基础上提出了一种新的情绪智力的定义以及内涵,将动机与兴趣考虑进来,认为情绪智力是指人认知和调控自我及他人的情感,把握自己的心理平衡;形成自我激励、动机与兴趣相结合的内在动力机制;形成坚强和受理性调节的意志;妥善处理人际关系等的心理素质和能力。具体包括以下部分:第一,认知和控制自己的情感。第二,认知和驾驭、调控他人的情感。第三,动机、兴趣和自我激励相结合的心理动力。第四,坚强而受理性调节的意志。第五,妥善处理人际关系。

针对国内对情商的概念过分炒作的现象,我们还要指出,情绪智力这一概念和理论传到我国后,被简称为"情商",很多人以为"情商"是单纯指"情感商"或"情绪商"。其实,情绪智力和智商既有区别也有内在联系。联合国教科文组织在"21世纪全球开智计划"中明确指出:"智力并非

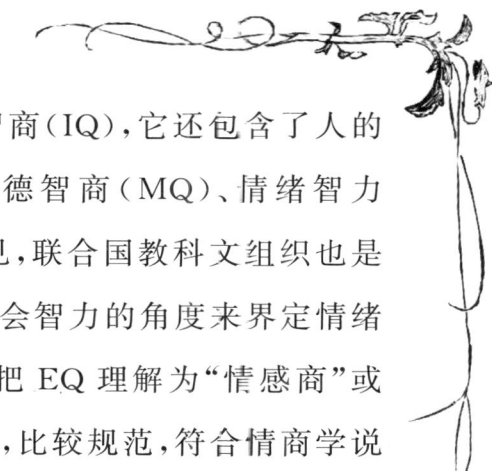

一个单向度的概念,除了基本智商(IQ),它还包含了人的更多能力:成就智商(AQ)、道德智商(MQ)、情绪智力(EQ)、体能智商(PQ)……"可见,联合国教科文组织也是更多地按照多元智力理论,从社会智力的角度来界定情绪智力的。像国内部分学者仅仅把EQ理解为"情感商"或"情绪商"是不确切的。我们认为,比较规范,符合情商学说提出的背景的说法也应该是情绪智力。当然,考虑到国内既然对这种说法已经广泛接受,成为一种约定俗成的说法,因此,我们在此也多处使用情商这个概念。

(二)情绪智力的结构与功能

正如前文所说的,情商包含准确地觉察、评价和表达情绪的能力;接近并(或)产生感情以促进思维的能力;理解情绪及情绪知识的能力;调节情绪以助情绪和智力发展的能力。那么,这种种能力究竟是如何组织在一起的呢?在此,涉及情商的结构问题。

我国著名情绪心理学专家郭德俊认为情绪智力包括一系列相关的心理过程,这些过程可以概括为三个方面:准确地识别、评价和表达自己和他人的情绪;适应性地调节和控制自己和他人的情绪;适应性地利用情绪信息,以便有计划地、创造性地激励行为。

　　一般而言,情绪包括适应、动机、组织以及信号四大功能。适应功能指的是情绪作为一种生存手段,对于个体发展尤其是儿童早期发展具有重要作用;动机功能则指的是情绪是动机的源泉;组织功能则说的是情绪对于其他的心理活动具有协调或者破坏作用;最后的信号功能实际上说的是情绪在人际交流中扮演着重要角色。

　　从情商的基本结构出发,同时根据情绪的这四大基本功能,郭德俊教授认为情绪智力具有以下功能。

1.评价与表达功能

　　情绪智力首先表现在对自己和他人情绪的识别、评价和表达上。也就是对自己的情绪能及时地识别,知道自己情绪产生的原因,还能通过言语和非言语(如面部表情或手势)的手段将自己的情绪准确地表达出来。人们不仅能够知觉自己的情绪,而且能觉察他人的情绪,理解他人的态度,对他人的情绪做出准确地识别和评价。这种能力对人类的生存和发展是很重要的,它使人们之间能相互理解,使人与人之间能和谐相处,有助于建立良好的人际关系。在对他人情绪的识别评价和表达这种情绪智力中,移情起着主要的作用。所谓移情,即是了解他人的情绪,并能在内心

第一章 你对情绪知多少

亲自体验到这些情绪的能力。

2.调节功能

人们在准确认识自我情绪的基础上,能够通过一些认知和行为策略来有效地调整自己的情绪,使自己摆脱焦虑、忧郁、烦躁等不良情绪。如有人在跳舞时能体验到快乐的心境,或找朋友谈谈心可以产生积极的情感。当人们心情不佳时,就可以采取这些方式回避消极的心境而使自己维持积极的心境状态。同时,人们也能在觉察和理解别人情绪的基础上通过一些认知活动或行为策略有效地调节和改变其他人的情绪反应。高夫曼(Goffman)等人对个体印象整饰方面的研究,充分说明人们通过各种方式对自己进行整饰,可以使他人产生对自己所预期的印象和情感。这种能力也是情绪智力的集中体现。人们在这方面的能力也是有个体差异的。

3.解决问题的能力

情绪在人解决问题的过程中,对其组成成分之间的关系和策略采取的方式等会产生系统的影响。研究表明,情绪能影响认知操作的效果,情绪的波动可以帮助人们思考未来,考虑各种可能的结果;帮助人们打破定式,或受到某种原型的启发;可以使人们创造性地解决问题。特别是在茫然的情绪出现时,不仅仅是打断正在发生的认知活动,而且可以利用这种情绪来审视和调整内部或外部的要求,重新地分配相应的注意资源,把注意力集中于情境中最重要的刺激,更有利于抓住问题的关键而解决问题。

同时,情绪是一个基本的动机系统,它具有动力的作用,能激发动机来解决复杂的智力活动。如有的个体可以把由于评价情境(如测验或临近的表演等)带来的焦虑,转化为促使个体进入更全面的准备过程之中的动力。充分发挥情绪在解决问题中的积极作用也是一种情绪智力,在这方面个体也是有差异的。

(三)情商的培养教育

情商对于学生的成长、个人素质的提高具有极其重要的作用,正因为这样,情商教育已经成为当代教育改革的重要趋势之一。我们认为,构建一个完备的国家情商教育体系,培养学生的情商,必须重视学校以及家庭双方的努力,仅仅有一方的参与是不可能成功实现情商教育的。

学校应该重视情感教育

心理学家戈尔曼认为,情绪智力的培养应成为学校教育的组成部分,是面向全体学生,而不是专为问题学生设计

第一章 你对情绪知多少

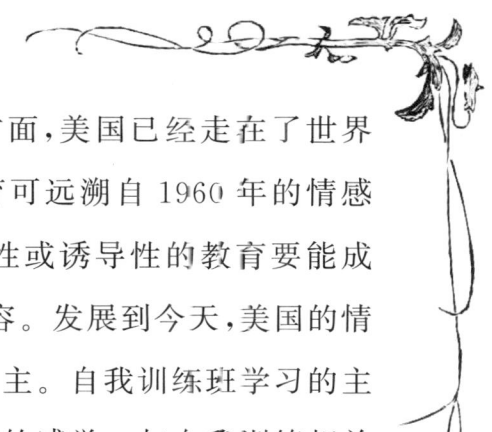

的补救措施。在学校情商教育方面,美国已经走在了世界的前面。其提升EQ的基础教育可远溯自1960年的情感教育运动。其理论基础是:心理性或诱导性的教育要能成功,要让学生亲身体验所学的内容。发展到今天,美国的情商教育主要是以"自我训练班"为主。自我训练班学习的主要内容是个人及人际互动中发生的感觉。与自我训练相关的课程名目繁多,诸如"社会发展""人生技能""社会与情感课程"及"个人智能"。其共同的主旨是把社会与情感的提升视为正规教育的一部分。沙洛维与梅耶也在自己的著作中推介了林达·兰蒂埃在纽约市公共学校系统进行的"创意解决冲突"计划。她的计划教人如何识别对手的情感,自身的情感以及涉及在内的其他人的情感。需要强调的是,沙洛维与梅耶同时认为实施一项致力于提高情绪智力(这点应该是可能的)的计划,比加深对情绪知识本身的认识来得更为具体和可行。美国情商教育的另一途径是将情绪教育融入既有的课程,如图文、健康教育、自然、社会等。

　　我国有必要借鉴美国的情商教育实践的成功经验,促进我国情商教育的发展,在学校推行情商教育。我们认为,当代教育工作者首先应充分认识到提高学生情绪智力的重要意义,从而才可能把情商的培养纳入学校的整体运行机制中。并且,教育管理者应该将其作为一项教育内容和考核指标,在课程活动的安排、制度的建立、校风的建设以及加强学生与教师之间的非正式沟通等方面,有意识地做一些工作。教师本身则应该认识到情商的意义,有意识地加强自己教学活动中的情商色彩。

成功的情感教育需要家长的积极参与,特别是必须紧密配合儿童的成长阶段。根据沙洛维与梅耶的观点,情绪智力包含的能力始于家庭中的父母——儿童的良好的交互作用。在儿童早期,父母帮助儿童识别情绪并给情绪贴上标签,教导儿童学会尊重自身情感,并且帮助孩子将情绪与社会情境联系起来。这对每一个家庭来讲可能存在差异,不过总的来说,家长应该特别注重培养儿童的移情能力,以及延迟满足能力,这两种能力对情商的形成与发展有重要意义。

下面这个很有趣的实验很能够说明问题。心理学家米歇尔曾经设计过一个实验来分析控制冲动、延缓满足、抵制诱惑的水平对今后成功的影响。实验人员对4岁的孩子们说,你现在可以马上得到一颗果汁软糖,但是你如果等我外出办事回来就可以得到两颗糖。说罢便离开了,20分钟后才回来兑现了承诺。实验人员观察发现,一些孩子(A组)

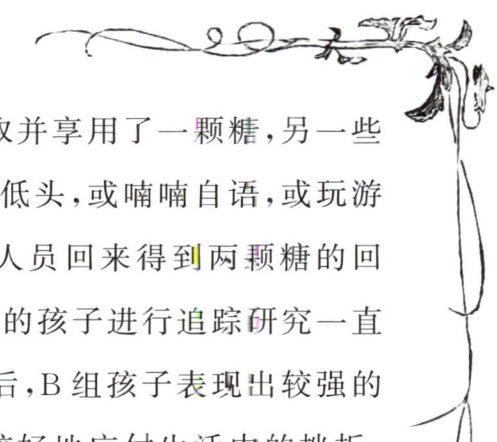

在实验人员出门的一刹那就抓取并享用了一颗糖,另一些孩子(B组)为抵制诱惑,或闭目低头,或喃喃自语,或玩游戏,甚至去睡觉,一直等到实验人员回来得到两颗糖的回报。然后实验人员对A、B两组的孩子进行追踪研究一直持续到高中毕业,在12～14年后,B组孩子表现出较强的社会竞争性、较高的自信心,能较好地应付生活中的挫折;A组孩子中有1/3的人缺乏上述品质,而且有较多的人出现心理问题。两组孩子高中毕业时在SAT学业能力倾向测量中,B组的平均分数高出A组120分。因此,这项追踪研究得出结论——延缓满足、抵制诱惑的自我控制能力是个人获得成功的要素之一。从这项实验中我们可以看到,在家长对儿童的早期教育中,培养儿童的情商的重要性。

应该客观地对待情商学说

情商作为一种学说出现,它的价值不仅仅是对当代教育发展方面有着推动作用,同时有着重要的现实意义和实用价值。

首先,从哲学方面来看待,情商学说突出了教育的人本主义色彩。尽管国内部分学者认为,由于成功或事业的需要,不惜改变或控制某种情感,这在许多情况下,无疑是对天然情感的压抑,因而情商学说有"反人文精神"和"不人道"的因素在内。然而实际上,这是对于情商学说的片面理解。如前所述,情商学说强调了个体差异以及社会文化背景对于个人成长的重要性,这些都是与以上说法相反的。与此同时,情商学说大量采用人本主义心理学思想与研究术语。如前文中所提到的移情、识别他人的情绪,站在他人的立场上思考问题,充分感受他人的需求与欲望,以及良好的人际关系等。我们可以看出,很多说法都是直接来源于罗杰斯、马斯洛的人本主义心理学思想。丹尼尔·戈尔曼也承认:"最后两种则是加德纳称为'个人智能'的同体两面:一面是人际关系技能,如心理治疗大师卡尔·罗杰或世界级领袖人物马丁·路德·金展示的;另一方面则是所谓的'内心的'自我审视能力。"

其次,从理论价值方面来看,情商理论汲取了很多当代教育学、心理学研究的优秀成果,拓宽了智力的外延和内涵,从而使得现在我们可以从新的角度来重新审视智力、情感、意志等心理因素。如多元智力观点的引入使得今天的教育观对于受教育者的评价以及学校的课程设置等都具有

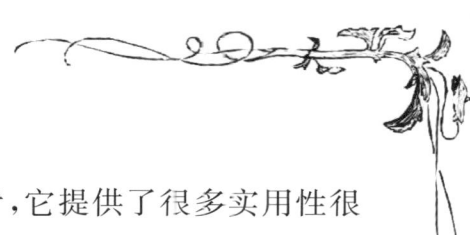

变革性意义的影响。

最后,从情商学说的应用来看,它提供了很多实用性很强的情商训练方法,如前面所讲的对于孩子的廷迟满足能力的训练,再如一些可操作性较强的情商培养课程。在最后一部分,我们同时还将看见,中国不少富有创造力的教育工作者将情商学说与中国教育实践结合从而提出了自己的教学方法。这些都说明情商学说使人们开始从单纯重视突出言语与逻辑推理能力的传统智力教育的误区中解放出来,重新看待情感、意志、信心、激励等诸多非智力心理因素在成才中的作用。

另一方面,在承认情商学说的价值的同时,我们还必须注意到情商学说的某些局限性,从而做到正确地对待它,不至于误导情商学说在中国的发展。

情商学说的概念还存在一定问题。虽然在前面我们阐述了情感智力内涵的若干方面,但是这个概念的外延却模糊不清。从前面所介绍的我国学者的批评意见可见一斑。到底是否应该将兴趣、人生观、个性、倾向性等引入情商?

情商学说的理论当然也不是完美无缺的,它依然是存在一定问题的。一方面可以认为情商概念是综合现代心理学研究的结果,但是另一方面它更多地表现出的是现代心理学不同研究、不同理论的组合,是由不同的心理学研究和理论拼凑而成。在情商概念中所提到的有关认知心理学研究,人本主义心理学研究,情绪心理学研究在许多方面是互相矛盾和冲突的。要把它们有机地结合起来,目前还存在巨大困难。可以说,情商学说迈出的仅仅是第一步,还有更远的路需要走。

情商学说的概念以及情商课程的可操作性还有待加强。例如,究竟如何测量情商？是像智商那样还是采用其他的方法,如 PONS 测验、乐观态度测验,还是像对思维水平的研究一样用类别来描述？同时,情商教育究竟如何进行呢？如何提高个体的情感智力水平？目前已出现的情感教育课程,如何使它更具体、更有操作性？可以说,在情商学说提出之后,现有的问题要多于已有的答案。这些实际上反映了对于智力的本质的回答是相当困难的一件事情。尽管情商学说对智力本质发出了自己的声音,然而它现在远远不能够立刻解决所有的问题。情绪问题是一个极为复杂的心理学问题。情绪既包括主观体验,又包括生理唤醒,还包括相应的行为反应,在这种情况下,我们需要谨慎对待情绪智力理论。

教学过程中的情商理论应用

情商理论自从进入我国教育领域之后,教育界许多有识之士试图将它与自己的教学实践结合起来,从而开展了诸多有益的探索。例如,湖北武昌实验小学王萍老师进行的《小学普通班音乐学科智力与情商教育试验研究》较好地通过音乐教育促进了学生的情商发展。又如章兼中教授的《直接拼音英语入门》所提倡的"情意·情境·结构·规则·功能"十字教学法更是详细地、系统地体现了情商学说在教育实践中的运用。以下给大家重点介绍的就是章兼中教授的"情意·情境·结构·规则·功能"十字教学法。

(一)十字教学法简介

"情意·情境·结构·规则·功能"十字教学法是指学生怀着轻松愉快的情绪、克服困难的意志,在言语情境(语境)中进行对话,操练结构,点破归纳语言规则和运用英语进行交际活动。章兼中教授的《直接拼音英语入门》是国家教委"八·五"重点科研项目"外语教学心理实验研究"的一个子项目。它是"情意·情境·结构·规则·功能"十字教学法的入门教材。上海的初中预备年级(即小学六年级)是学习英语的入门阶段,"十字教学法"在入门阶段体现为直接拼音英语入门,它由情境功能对话和直接拼音两条主线构成。情境功能对话是培养学生轻松、愉快的情感,让他们在英语情境中按语言功能需要进行对话,旨在培养学生交际和初步运用英语的能力。直接拼音是按字母、字母组合发音规律拼读、拼写单词,形成认知结构,旨在培养学生见词能读、听音能写的能力,改变了先学字母名称、按字母名称先后顺序死记硬背单词的传统教法,减少了难点集中的字母、发音和音标三位一体及集中识词给学生带来的困难。

(二)十字教学法的具体内容

十字教学法由情意、情境、结构、规则和功能五大因素组成,这五大因素相互联系,组成一个完整的体系。

1.情意

情意的概念有狭义和广义之分。狭义的概念是指推动学生学习的动力系统,它包括动机、兴趣、情感、意志、性格和良好的学习习惯等。广义的概念是指情感和意志,是指

不直接参与认知过程的智力因素以外的一切心理因素。

2.情境

情境是指人们生活的一切内部条件和外部条件的总和。情境作用于人的感官,产生心智活动。它也指用口语、书面语言进行交际活动的社会情境。

3.结构

结构是指语言知识结构,而语言知识的体系特征之一就是它的结构性。结构包括音素结构、单词结构、句子结构。

4.规则

规则是指语法规则和转换生成语法规则两层含义。它有助于学生理解、掌握词形变化规律和遣词造句的规律,用以生成许多合乎语法的句子灵活表达思想,在积累语言感性材料基础上点破和归纳语法规则。

5.交际(功能)

交际是指为交际运用外语的能力,交际功能是语言的最本质的功能。

(三)七步教学法

《直接拼音英语入门》前言中指出,情境功能对话七步

教学法具体步骤如下。

理解→模仿→记忆→表演→读→运用→写

(1)理解,全班边看投影图像边听完整的对话录音,整体逐句各一遍,感知和理解对话内容。

(2)模仿,全班看投影图像,先集体,后个别逐句模仿录音的对话。

(3)记忆,全班边看投影图像,边听边记忆完整的对话,在记忆的基础上展开合作的 pair work 或 group work,相互边回忆边对话,进一步加强回忆对话。

(4)表演,在 pair work 和 group work 的基础上,请几对学生上台表演,激励他们互相竞赛。

(5)读,全班学生集体跟着录音先轻声模仿对话,后大声模仿说,再个别或分角色读,培养用正确的语音、语调朗读的能力。

(6)运用,学生双人或小组在创设类似的新的言语情境中,或老师提供的情境中进行对话活动,然后请几对学生上台表演新情境中的对话。

(7)写,要求把对话中选出的部分单词按字母、字母组合发音规则拼读、拼写和进行书面问答、造句和写话训练,使听、说落实到读、写。

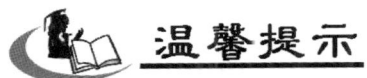

培养学生的认知技能

认知活动的方式就是认知技能,它包括感知、记忆、想象和思维等活动方式,以抽象思维的活动方式为主要成分。能力的发展以有关的技能为基础,如敏锐捕捉非言语信息的技能是人的管理能力的基础之一。大学生的认知技能主要表现为学习知识、应用知识的方式。虽然教师可以使学生提高学习的努力程度,也能使学生对其能力充满自信,但是如果没有改变原有的、使学业遭受失败的认知技能,学生的能力水平将难以提高,不良的学业状况也难有质的改变。"学会学习"实质上是掌握由认知技能组成的学习方法。举一个简单的例子,对于学习的复习阶段,如何认识复习的作用并有效地进行复习?复习看似简单,好像在脑子里画道道,越画越深,复习一次就加深一点,这是很多学生对复习的认识,并以此来进行复习。按照现在认知心理学信息加工的观点来看，编码在复习中起决定作用。所谓编码就是拿已储存的信息对新输入的信息不断加以处理，使其越来越与个人储存在长时记忆中的心理格局合模，从而妥帖地加入个人的经验体系中去。复习不是被动地印留，而是不断地主动编码，不断地提高编码的适宜性。通俗地讲，复习不是单纯的机械重复，只靠反复不能加强记忆，复习不只是为了加深印象，更重要的是为信息加工提供机会，复习一次就有一次加工，就多一次重新考虑或寻找新旧知识之间联系的机会。教师对学生进行复习指导时，如能提醒他们每复习一次就要努力加深一次对材料的理解，这样的复习就有助于提高学习效率。

  国内很多研究在分析学生们学业归因倾向时，都以考试成绩作为划分不同类别的根据，因为考试成绩最容易量化。其实，学生的学业归因倾向不仅存在于课堂学习和考试，还包括人际关系、环境适应、实践活动等方面，如何用更全面、更完善的方法研究在学校教育情境下学生各方面的学业归因倾向是需要进一步研究的课题。

第一章 你对情绪知多少

相关链接

情商与儒家的道德修养理论

客观世界的改造与主观世界的改造是同步运行的,即处理好人类自身的内在矛盾,才能使个体的思想行为适应社会发展的需要,适应与自然和谐相处的需要。这就不仅要求进行社会教化,即通过教师传道来使人们接受"仁"的思想和"礼"的约束,而且要求每个人进行自我修养,使"仁"逐渐成为每个人的潜在意识,使"礼"成为每个人的自觉行为。这样,才能使人人都成为追求完美人格的君子,达到大同世界的要求。为此,以孔孟为代表的先秦儒家根据"为仁由己"的思想精心设计了一套行之有效的自我修养理论与方法,以便每个人随时了解和克制自己内心的思想与情绪,实现人格的自我完善。这种自我实施的道德修养理论与方法由以下六个环节组成：

1. 自省

自省,指通过对自我的反省随时了解、认识自己的思想、意识、情绪与态度。孔子教导弟子说,能否坚持这样做是区别君子与小人的主要标志:"君子求诸己,小人求诸人。"《论语·卫灵公》又说:"吾未见能见其过而内自讼者也。""内自讼"即内心自责,自我反省。孟子进一步发扬孔子的"求诸己"思想,提出:"爱人不亲,反其仁;治人不治,反其智;礼人不答,反其敬。行有不得者,皆反求诸己。"意思是说,我爱别人而别人不亲近我,应反问自己的仁爱之心够不够;我管理别人而未能管理好,应反问自己的知识能力够不够;我礼貌地对待别人而得不到回应,要反问自己的态度够不够恭敬;任何行为得不到预期效果,都应反躬自问,好好检查自己。

孔子的弟子曾参关于自省问题有过一段著名的论述:"吾日三省吾身:为人谋而不忠乎?与朋友交而不信乎?传不习乎?"曾参每日三省是从另外三个方面去检查自己的思想和言行:一是反省谋事情况,即对自己所承担的工作是否忠于职守;二是反省自己与朋友交往是否信守诺言;三是反省自己是否知行一致,即是否把学到的内容身体力行。总之,通过自省是要从思想意识、情感态度、言论行动等各个方面去深刻认识自己、剖析自己。

2.克己

克己,是指自我克制、自我约束能力的培养。关于"克

第一章　你对情绪知多少

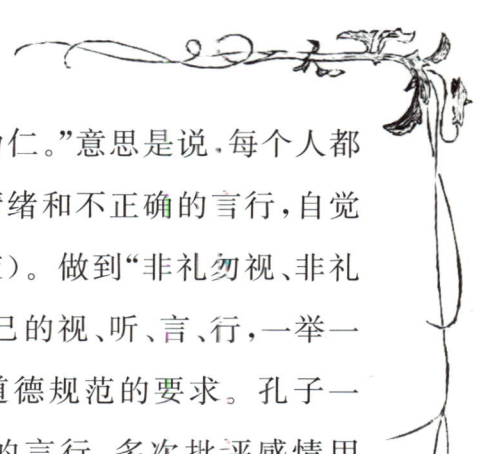

己"孔子有一句名言:"克己复礼为仁。"意思是说,每个人都应克制自己不正当的欲望、冲动情绪和不正确的言行,自觉遵守社会道德规范(即"礼"的规定)。做到"非礼勿视、非礼勿听、非礼无言、非礼勿动",使自己的视、听、言、行,一举一动都符合礼的规定,即符合社会道德规范的要求。孔子一贯主张以礼驭情,以礼约束自己的言行,多次批评感情用事,不能克制冲动的鲁莽行为。他对学生说:"一朝之忿,忘其身,以及其亲,非惑与?"指出不能克制一时冲动往往会干出伤害自己和亲人的蠢事,这是很不明智的。他还说:"好勇不好学,其蔽也乱。"意思是说,只好武勇,不爱学习就不能以礼驭情,容易感情用事,难免闯祸。在自我修养的六个环节中,孔子对"克己"看得比较重,认为只要每个人都能够按礼的要求来克制、约束自己,就可以使人人成为君子,全社会也就可以弘扬仁道,实现理想的大同世界。所以孔子说:"一日克己复礼,天下归仁焉。"

3.忠恕

孔子道德思想中的忠恕是要求根据自己内心的体验来推测别人的思想感受,达到推己及人的目的。这是儒家道德修养中用于处理人际关系的重要原则。"恕"是由孔子最早提出的,并为恕下过这样的定义:"其恕乎!己所不欲,勿施于人。"这是孔子在回答子贡的一个提问时说的。子贡的问题是:"有一言可以终身行之者乎?"(有没有可以终身奉行的一句话?)孔子在《论语·雍也》篇中还说过:"夫仁者,己欲立而立人,己欲达而达人。能近取譬,可谓仁之方也已。"这里的"己欲立而立人,己欲达而达人"和"己所不欲,勿施于人"有相似的含义,但是后一句话较为消极些,而前一句显得主动、积极。

关于"忠",曾子曾经说过"为人谋而不忠乎"。这里的"忠"是指尽己之力为人谋事,忠于职守。据此,宋代朱熹在四书集注中提出:"尽己之谓忠,推己之谓恕。"后世儒家对忠恕的解释不尽相同,但都有推己及人,即将心比心,设身处地为他人着想之意。以后"忠恕"二字逐渐被连在一起作为一个特定的概念使用,不再分开。上述两句话:"己所不欲,勿施于人"和"己欲立而立人,己欲达而达人"则作为"忠恕"一词的具体内涵或解释。两千多年来,"忠恕"一直是儒家道德修养的重要内容,并且至今对于人际关系的正确处理仍有实际的指导意义。

4.慎独

慎独也是孔子的道德思想中的一样,慎独是儒家对个人内心深处比较隐蔽的意识、情绪进行管理和自律的一种

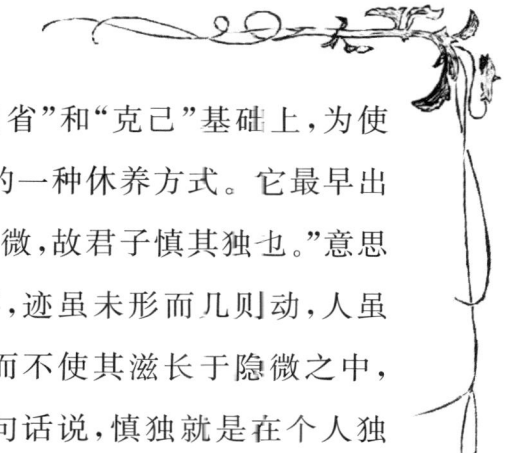

休养方式。它是孔门后学在"自省"和"克己"基础上,为使自我修养达到更高境界而提出的一种休养方式。它最早出现于《中庸》:"莫见乎隐,莫显乎微,故君子慎其独也。"意思是说,对于"幽暗之中,细微之事,迹虽未形而几则动,人虽不知而己独知,遏人欲于将萌,而不使其滋长于隐微之中,谨言慎行,追求道德规范"。换句话说,慎独就是在个人独处,没有别人看见的场合也要严格要求自己,警惕内心深处尚处于萌芽状态、尚未引起旁人注意的错误意识、不正当的私欲或不正常的情绪,并自觉地用礼(社会道德规范)加以约束,使之恢复到正常状态,做到防微杜渐,防患于未然。可见,这是一种比"克己"的自觉性要求更高的道德修养方式。

5.中庸

中庸之道已经存在了很多年,关于中庸思想,历来也为一批人所称道。中庸既是儒家对事物发展规律的一种认识,也是维持人际关系和谐的一种态度,所以它既属于哲学范畴,又属于道德范畴。在道德的自我修养中,儒家历来把能否把握中庸之道作为衡量一个人道德水准高低和选贤任能的一条重要标准。因为能把握中庸之道就意味着他能恰到好处地掌握各种事物的分寸(即"度"),既不过也无不及,而在处理人际关系方面,这种"度"的掌握尤为困难和复杂,稍有不慎就会伤害他人感情或挫伤下级的积极性。中庸之道的修养实在是维系人际关系和谐的一门重要学问,也是作为领导干部的一项基本功。这里应特别强调的是,中庸的本质是适度与和谐而绝对不要把它理解为调和与折中(那是一种误解甚至歪曲),我们应当为中庸正名。

格言小语

对智力本质的追问真正决定一个人成功与否的关键是情商而非智商。

——戈尔曼

第二章

认识自身的情绪

REN SHI ZI SHEN DE QING XU

第二章　认识自身的情绪

情绪的定义

　　心理学将心理现象划分为三个方面，即认识过程、情感过程和意志过程。认识过程是对客观事物或事件本身属性的加工过程，它们反映着事物、事件本身所具有的感性的或理性的特性。意志过程是认识活动的能动方面或自觉的调节方面，是认识活动的延伸。因此，认识活动和意志活动都是以客观事件本身的特性对人起作用的。

　　情绪与认识是不同的，情绪是以主体为中介的一种心理活动形式。主体，在此主要指主体的愿望、需要、渴求的欲望、追求的目标等倾向而言。例如，在认识活动中，光线引起明亮感，声音引起听觉，学习导致记忆。但是，人的心理活动远远不止于此。人作为主体，客观事物或事件对他总是具有某种意义的。客观事件或情境可以符合或不符合主体的需要或愿望，对实现主体的渴求目标有益或有害。

因此,每当认识活动发生时,主体对它总是有一定的态度。例如,湖光塔影、鸟飞鱼游不但有声有色,而且使人赏心悦目、心旷神怡,因为这景色有益于人的身心健康。然而在闹市,车水马龙、道路拥堵和严重的大气污染,使人厌烦。清澈的水和一氧化碳本身并不具有愉悦或恐惧的属性,它们作用于人,使人产生愉快或悲伤、满意或痛苦等情绪,是它们与人之间的特定关系所决定的,是它们对人所具有的含义所引起的。鉴于此,情绪可定义为:情绪是个体与环境意义事件之间关系的反映。

客观事件或情境对人的意义可以有积极的性质或消极的性质,从而导致情绪与认识不同的第二个特点,即情绪有正性的与负性的,或积极的与消极的之分。凡对人有积极意义的事件引起肯定性情绪,而具有消极作用的事件则引起否定性情绪。由此而论,环境事件的变化和主体态度的变化会引起主体与客体之间关系的变化。有益于主体的客观事件与主体关系得到维持,将产生肯定性情绪。它们之间联系的终结或破坏,则将导致否定性情绪。反之,有害于主体的事件与主体之间的联系的持续存在,将加强负性情绪,它们之间的联系被主体摆脱,则将产生正性情绪。由此可见,任何情绪的产生、维持或改变,均以主体与客体之间

关系的改变为转移。基于上述分析,情绪亦可看作:个体与环境意义事件之间关系的维持或改变。(J.Campos,1990)

从上面的定义可以看出,情绪的性质决定了它的复杂性。情绪在构成上有外显行为、内在体验和生理唤醒等多种成分;在品种上有基本情绪与复合情绪的无可胜数的类别,以及具有强烈或淡漠、激烈或恬静、短暂或持久等多种存在形式。情绪的发生"惊扰"整个有机体,唤醒神经系统各水平和意识各水平的活动。凡此种种,可认定情绪是一种多成分、多维量、多种类、多水平整合的复合心理过程。情绪的每一次发生,都兼容生理和心理、本能和习得、自然和社会诸因素的交叠。

情绪和情感在定义上的区别

情绪和情感既是在人类的繁衍进化中发生,又是人类社会历史发展的产物。因此,在使用情绪、情感这类术语去标示在如此漫长的历史演化过程中发生的、可处于不同水平上的这一心理现象时,人们心目中所指的内涵常常有所不同。例如,在过去教科书中出现过的,把同生物需要相联系而产生的感情反应称为情绪,把受社会规范制约的称为

情感;在标示感情反应的形式方面采用情绪,标示感情内容时采用情感。但是这两种区分方法都不能把情绪和情感这两个概念截然划分清楚。

纵览有关文献,学者把这种区别于认识活动,并同人的特定需要相联系的感情性反应统称为感情。它一般包容着情绪和情感的综合过程。因此,无论情绪或情感,指的乃是同一过程和同一现象。在不同的场合使用情绪或情感,指的是同一过程、同一现象所侧重的不同方面。

情绪代表着一个人感情性反应的过程。无论是动物或人类,感情性反应的发生都是脑的活动过程,或个体需要的特定反应模式的发生过程。从这个意义上说,情绪概念既可用于人类,也可用于动物。

情绪这一术语,按照蒙纳字典,是来自拉丁文 emotion(外)和 movers(动),表示从一处向外移到另一处。。这里无论是在物理学或社会学上,以及在不同时代所使用的"流动""震动"或"扰动",都是 emotion 这个词。后来这个词用于表示人的精神状态,例如,"快乐的满足一般称之为 emotion。"(1762)由此可见,情绪一词在词源上是用来描述一种"动"的过程。现在它已不再在物理学和社会学范畴上使用,而限定标示精神的活动。因此,把情绪一词限定标示感

第二章　认识自身的情绪

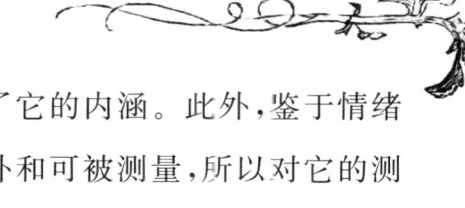

情的活动过程,就严格地规定了它的内涵。此外,鉴于情绪由神经过程所携带,并表现于外和可被测量,所以对它的测量称为情绪测量。

情感,经常被人用来描述具有稳定而深刻社会含义的高级感情。它所代表的感情内容,诸如对祖国的尊严感,对事业的酷爱,对美的欣赏时,所指的感情内容不是指其语义内涵,而是指对这些事物的社会意义在感情上的体验。

情感这个词语包含一个"感"字,有感觉、感受之意;还包括一个"情"字,又有不同于感觉之解。"felling"有感觉、感触、心情、同情、体谅等多种含义,说明情感这一概念既包括与感觉、感受相联系的"感",又包括与同情、体验相联系的"情"。因此,情感这一术语的基本内涵是感情性反应的"觉知"方面,集中表达感情的体验和感受。

情绪和情感都是属于感情性心理活动的范畴,是同一过程的两个方面。情感是对感情性过程的体验和感受,情绪是这一体验和感受状态的活动过程。二者均既可发生在高等动物和前言语阶段婴儿,也可以发生在成人和高级社会性反应之中。这是因为,人们日益公认,当高等哺乳类动物显示出痛苦、安适或愤怒时,或当婴儿对母亲欢快愉悦,对生人表现警惕和恐惧时,不能认为他们没有内在感受;尽管是处于不同发展阶段的动物或人类婴儿,但他们对这种感受的觉知水平与人类成人只是有所不同罢了。心理学对感情性反应的研究,侧重在它们的发生、发展的过程和规律,因此较多使用情绪这一概念。

情绪的种类

情绪是一种心理过程。

感情具有特别的主观体验和外部表现。它们与生理唤醒一起被看作构成情绪的3种成分。

(一)感情的基本性质

感情是具有个人主观体验色彩的,即喜、怒、悲、惧等多种享乐色调。每种具体情绪的主观体验的色调都不相同,它们给人以不同的感受,这种感受或体验是感情性反应的心理内容,是情绪的心理载体。感情体验具有下述两种基本性质:

1.体验与表情的关系

体验和表情在某些具体情绪上有一致性。每种情绪的外显形式与内在体验形式是共生的,它们之间的固定关系

第二章 认识自身的情绪

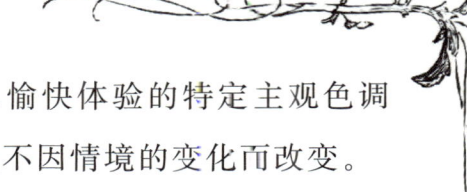

在任何时候都不会改变。例如,愉快体验的特定主观色调与特定的表情模式协同产生,绝不因情境的变化而改变。

人类从出生那一刻起就具有体验感情和表现相应情绪的能力,它们之间的这种对应联系是先天的,是在种族进化过程中形成的固定模式。正是体验与表情的一致性保证了表情正确地反映感情体验的性质,并传递其适应意义。例如,人类婴儿以欢快面容和啼哭信号表达他们的舒适或饥饿、困倦、病痛的感受。婴儿在前言语阶段,正是靠感情体验与情绪外显行为的一致性来保持其生存适应的。

人的认知能力、言语能力在不断地发展和社会化,这就使感情体验和情绪外显行为的固有联系变得复杂化起来。鉴于表情活动是由脑的骨骼肌系统的随意运动所支配,在人们受社会文化、道德规范所制约的情况下,情绪的外显行为则带有很大的人为的性质。表情可以被修饰、被夸大、掩盖或伪装,从而产生体验与表情的不一致性。因而,它们之间的不一致具有后天习得的性质,是感情和认知相互作用的结果。

2.感情体验的稳定如一性

不同种类的具体情绪的体验在主观上感受的色调具有稳定如一性。体验的稳定如一性来源于人类进化的适应过

程。这是由于，意味着具有潜在危险和威胁的新异刺激，只有在引起特定的恐惧体验色调时，这种体验才能成为在危险和威胁情境下驱使个体采取逃避行为的动机力量。而且，在任何具有危险和威胁含义的刺激作用下，所发生的恐惧体验色调都将是永不改变的。只有这种具体感情体验色调的不变性，才能使与之相一致的表情成为向同种属成员传递"危险"来临信息的手段。

由于个体知识、经验、需要和追求目标以及认知评价等各方面的差异，同一环境对不同的个体来说，可能意味着不同的情境，因而产生的情绪也可以不同。但特定情绪体验的感受色调，既没有个体、民族差异，也没有性别、年龄差异。感情体验的不变性是使情绪、情感在人际间进行交流和产生感情共鸣的保证。

（二）表情

表情是情绪独特的外部表现形式，表情是表达情感状态的身体各部分的动作变化模式。表情动作是一种独具特色的情绪语言，它以有形的方式体现出感情的内在体验，成为人际间感情交流和相互理解的工具之一，也是了解感情的主观体验的客观指标之一。

第二章 认识自身的情绪

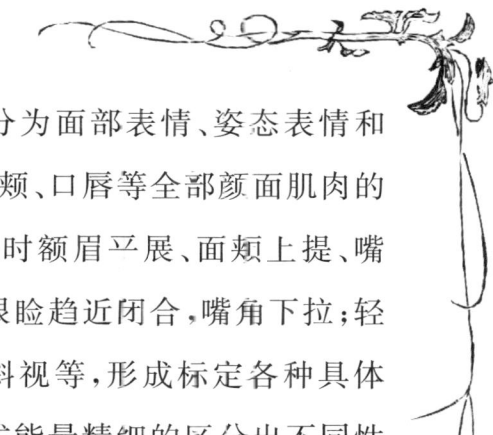

表情按照其种类不同可以分为面部表情、姿态表情和声调表情。面部表情是额眉、鼻颊、口唇等全部颜面肌肉的变化所组成的模式。例如,愉快时额眉平展、面颊上提、嘴角上翘;悲伤时额眉紧锁、上下眼睑趋近闭合,嘴角下拉;轻蔑时嘴角微撇、鼻子耸起、双目斜视等,形成标定各种具体情绪的模式。由于面部表情模式能最精细的区分出不同性质的情绪,因而是鉴别情绪的主要标志。

姿态表情一般是指身体其他部位的肢体动作。例如,狂喜时捧腹大笑,悔恨时捶胸顿足,愤怒时摩拳擦掌等。其中,手势是一种重要的姿态表情,它协同或补充表达言语内容的情绪信息。手势表情是后天习得的,由于社会文化、传统习惯的影响而往往具有民族或团体的差异。

面部表情和姿态表情均受随意运动所支配,因此可在一定程度上被随意地控制。姿态表情虽不像面部表情那样能细微地区分各种情绪,但它能与面部表情一起表露情绪信息,也往往在人有意地控制面部表情时,而由身体姿态泄露真情。例如,一个人用和蔼微笑的面容去掩饰对对方的愤怒时,他那紧握的拳头、僵硬的肢体却明白无误地泄露了他的真情实感。除面部表情、姿态表情外,声调也是表达情绪的一种形式。声调表情指情绪发生时在语言的音调、节奏和速度方面的

变化。例如,悲哀时语调低沉,语速缓慢;喜悦时语调高昂,语速较快。此外,感叹、烦闷、讥讽、鄙视等也都有一定的音调变化。语言是交流思想的工具,言语中音调的高低、强弱,节奏的快慢等所表达的情绪,则成为言语交际的重要辅助手段。

在上面所说的三种表情形式中,姿态表情和声调表情都不具有标定特定情绪的特异模式,唯独面部表情所携带的情绪信息具有特异性。因此,面部表情在情绪的通信交流中起主导作用,姿态和声调表情则是表情的辅助形式。面部表情是先天程序化的模式。达尔文在《人类和动物的表情》一书中总结道:"表情是动物和人类进化过程中适应性动作的遗迹。"在种族进化过程中,有些对机体生存具有适应价值的面部动作,最初并不是有意识地传达情绪的。但由于其适应意义,在漫长的演化过程中逐渐形成固定的生理解剖痕迹而遗传下来,发展成为表达特殊情绪的面部肌肉模式。例如,啼哭时嘴角下撇、眉眼皱起的面部模式源自人类祖先在困难、痛苦中求援的适应性动作;愤怒时咬牙切齿、鼻孔张大的面型是准备搏斗时的适应性动作;厌恶表情源自呕吐的面部动作。这说明面部表情是具有原始的生物学根据的。

第二章 认识自身的情绪

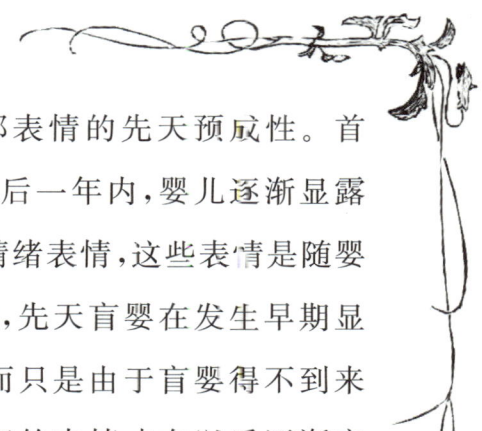

许多学者研究都证明了面部表情的先天预成性。首先,婴儿生来就具有表情,在出生后一年内,婴儿逐渐显露出高兴、愉快、厌恶、痛苦等基本情绪表情,这些表情是随婴儿生理成熟而逐渐显现的。其次,先天盲婴在发生早期显露与正常婴儿同样的面部表情,而只是由于盲婴得不到来自成人面部表情的视觉强化,他们的表情才在以后逐渐变得淡薄的。再次,跨文化研究表明,基本情绪的面部表情模式通见于全人类,具有跨文化的一致性。艾克曼在60年代做的一项研究表明,从未与西方文化有过任何接触的新几内亚原始部落民族,按照向他们讲述的故事情节,能准确判别被西方人的面部表情(照片)所感染,而这些原始部落人的表情模式也能被西方人的面部表情(照片)所影响。这些原始部落人的表情是先天预成的程序化模式。正如艾克曼所说的那样,外国人的表情不是"外国语",表情在很大程度上使人相通。

表情在个体发展过程中不断受到社会文化因素的影响,使得表情的显露从先天预成性向整合性、随意性转化。诚如前述,为了适应社会情境、文化规范以及人际关系的需要,表情经常被主体所修饰。表情的随意性体现了情绪的社会适应性,是情绪的生物适应性在人类身上的延伸。面部表情的社会化使得人类表情极大地复杂化起来,具有后天习得的性质,所以面部表情兼有先天预成性和后天习得性。先天盲童的表情不像常人那样灵活与丰富,且日见匮乏和单调的情况说明,社会强化对于表情的维持与发展起着重要的作用。

面部表情社会化的另外一个结果是形成文化上的差异。在不同民族之间,某些带有特定文化意义的表情信号可能是不相通的,而且在表情规范方面也存在着文化差异。例如,中国传统文化讲究含蓄,情绪的喜怒不形于色;日本人强调礼仪,在陌生场合绝不表现愠怒;而美国人则追求个性,情绪表达较为开放。

重点透视

测试你的性格类型

一位日本学者推出的"性格测验量表"较适合学生特点。量表包括Ⅰ～Ⅴ共五个部分的测验,其内容及统计方法如下:

▲答题方法

比较下面 A、B 两种提问,如果你的性格符合 A 时,就

第二章　认识自身的情绪

在 A 栏□中画上一个"○";当你的性格符合提问 B 时,就在 C 栏的□中画上一个"○"。如果你对 A 和 B 的提问无法确定,就在 B 栏□中画上一个"○"。

学会培养你的情商

I		
A	A B C	B
1.在众人面前有些心慌,不能自然地谈话。	☐ ☐ ☐	在众人面前,能保持沉着、镇静地说话。
2.不善于结交朋友。	☐ ☐ ☐	善于结交朋友。
3.单独一个人能把身心沉静下来。	☐ ☐ ☐	不和朋友在一起,身心沉静不下来。
4.初次与人会面,不能融洽交谈。	☐ ☐ ☐	即使初次会面也能与人融洽地谈话。
5.不善于领导别人。	☐ ☐ ☐	总喜欢领导别人。
6.善于克制而不感情用事,即使有令人气愤的事也不显露出来。	☐ ☐ ☐	感情极易冲动,往往不能克制,喜怒无常。
7.集会时,常常喜欢选择后面的座位。	☐ ☐ ☐	集会时,尽量坐在前排。
8.自己明白的问题,不愿在众人面前回答,有点害羞,所以经常保持沉默。	☐ ☐ ☐	不论在何时何地,自己明白之事,都能轻松愉快地进行回答。
II		
A	A B C	B
1.不善于选择参考书,买书时往往犹豫不决。	☐ ☐ ☐	只要认为是好的参考书即刻买下。

第二章 认识自身的情绪

A	A B C	B
2.自己的思想不愿意露出。	☐ ☐ ☐	自己的思想能毫不在乎地向别人暴露。
3.被人称为是个爱讲道理的人。	☐ ☐ ☐	被人称为是个轻率的人。
4.自己拿定的主张,不管别人怎么讲也不想改变。	☐ ☐ ☐	听到别人的意见即改变己见。
5.午休时喜欢待在教室里,不愿出去活动。	☐ ☐ ☐	午休时,喜欢到操场等处轻松愉快地玩。
6.对评论感兴趣。	☐ ☐ ☐	对评论不感兴趣。
7.虽然有人教我,可还是有些问题不能理解。	☐ ☐ ☐	别人教我的问题能马上明白。
8.碰到难题时能努力思考至解决为止。	☐ ☐ ☐	一碰到不能解决之难题即停止学习。

Ⅲ

A	A B C	B
1.当考试的成绩不好时,就颓丧得不想再学。	☐ ☐ ☐	即使是成绩不理想,却认为失败乃成功之母,毫不介意。
2.经常认为自己的能力不行,常有自卑感。	☐ ☐ ☐	认为人总有成功的时候,也有失败之时。
3.有时认为自己天生的运气不好。	☐ ☐ ☐	对于有志气的人来说,道路是宽广的。
4.在重要的考试中常担心出错。	☐ ☐ ☐	认为错了就改,对考试不太介意。

学会培养你的情商

A	A B C	B
5.常怀疑力量的充分与否而不能确定前进的道路。	☐ ☐ ☐	只要能做的事,即使做不好,也没关系。
6.总考虑考试是否失败而感到不安。	☐ ☐ ☐	认为即使把考试放在心上也没什么用。
7.很关心朋友们的成绩。	☐ ☐ ☐	不关心朋友们的成绩。
8.对自己的前途有时不抱希望。	☐ ☐ ☐	对自己的前途总是充满希望。

Ⅳ

A	A B C	B
1.自己一个人待着有时感到不安。	☐ ☐ ☐	自己一个人也能镇静地待着。
2.总担心别人对自己有什么看法。	☐ ☐ ☐	不介意别人对自己怎么看。
3.常注意自己的仪表。	☐ ☐ ☐	不介意自己的仪表。
4.一有羞耻的思想总忘不掉。	☐ ☐ ☐	即使有羞耻的思想也能马上忘掉。
5.房间不整理好,身心平静不下来。	☐ ☐ ☐	即使房间里杂乱无章,身心也能平静下来。
6.在学习中,非常在意讲话声、收音机等的干扰。	☐ ☐ ☐	不介意说话、收音机等声音的干扰。
7.非常注意交通安全,唯恐发生交通事故。	☐ ☐ ☐	不注意交通安全,时常做冒险活动。

第二章 认识自身的情绪

A	A B C	B
8.向老师提问总有点羞怯、疑虑。	☐ ☐ ☐	不懂的地方能随便地向老师提问。

V

A	A B C	B
1.情绪总是稳定的。	☐ ☐ ☐	碰到一点事情,情绪就受波动。
2.只要认为是好的参考书就能长期使用它。	☐ ☐ ☐	一看到朋友们有新的参考书马上就想换。
3.学习时,能始终平心静气地坐在书桌旁。	☐ ☐ ☐	学习时,一会儿站、一会儿坐,总定不下心来。
4.在编制可靠的计划后才开始学习。	☐ ☐ ☐	由于编制的计划常落空,所以一开始就无计划。
5.能认真完成课外作业。	☐ ☐ ☐	常忘掉课外作业。
6.人们说我是能专心致志做事的人。	☐ ☐ ☐	人家说我干什么事都不能专心致志。
7.在学习时如有朋友邀请能婉言拒之。	☐ ☐ ☐	在学习中,朋友邀请即停止学习。
8.学习时碰上喜欢的电视节目也不去看。	☐ ☐ ☐	在学习中想干其他的事情马上去干。

附:根据实际情况选择答案:

1.你认为自己的性格符合:

(A)外向 (B)内向 (C)不典型 (D)内、外向之间

2.你的性格从小到现在:

(A)基本未变 (B)有改变 (C)_____

3.你的性格改变的时间大致是:

(A)小学 (B)初中 (C)高中 (D)大学

4.使你性格改变的因素是:

(A)父母影响

(B)兄弟姐妹影响

(C)家庭成员影响

(D)朋友影响

(E)老师或班集体影响

(F)家庭、政治、经济地位的改变

(G)其他社会因素:如社会风气等的影响

5.在你成长或成功的道路上,哪些性格帮助了你,哪些又阻碍了你?

了解你的气质

在生活中,人们经常会提到气质这个词语,人们常常说某某人的气质很好,某某人没有气质。其实,这也可以换个说法,即某某人很可爱,或是很有涵养、文质彬彬。这里面包含了对人的内在修养、风度、学识等的总体评价。这种"气质"其实跟我们这里谈起的气质并不是一回事。心理学上的气质指的是人说话、办事时表现出来的脾气,如有的人是急性子,有的人是慢性子,它是与生俱来的、先天性的特征。通常把气质划分为:多血质、胆汁质、黏液质及抑郁质四种类型。

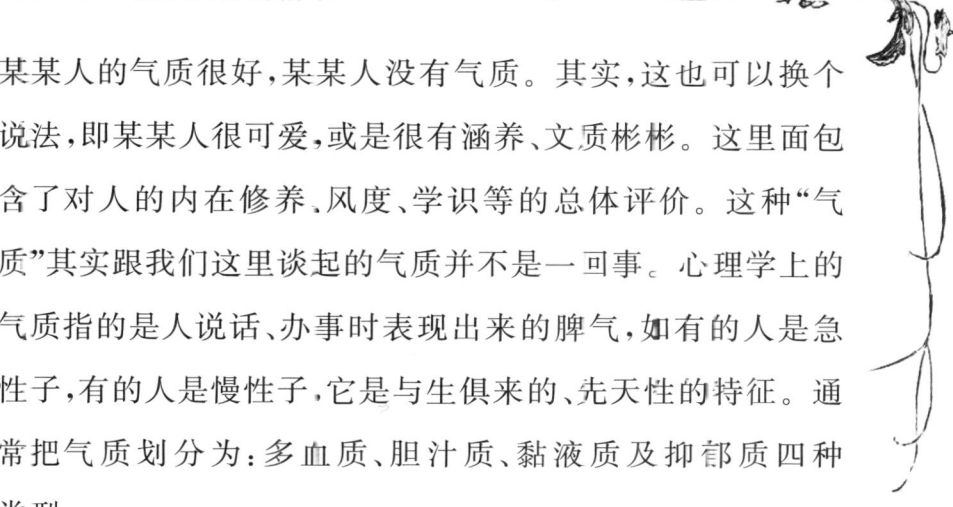

(一)多血质型性格

小文是一名高中一年级学生。他非常活泼好动,上课时总不能安静地坐着,时而改变姿势,时而手里摆弄东西,有时还趁老师不注意时与邻座同学"窃窃私语"。他说起话来,成串成串的"句子"就如子弹般迅速向你射来,而且总能情绪激动地讲述着看过的电视节目和读过的书。但是兴趣和意向又不很固定,对一件事情的新鲜劲总过不了三天。

他脸部富于表情,别人一看就能马上猜出他当时的心情和态度。他感兴趣的课程表现得很投入、很用心,但对他厌倦的数学他却连打呵欠。一天,数学测验成绩出来,65分的成绩只让他难过了半小时,刚一下课,他又兴高采烈地跟同学东聊西扯起来。不过,他与班上的同学相处得都很不错,好像每个人都能成为他的知心朋友。

小文便是多血质型性格的典型例子。你周围不少人也有他这种脾气吗？活泼,喜好活动,不太易于沉静下来是多血质型的特征之一。这种类型的人常常乐于与人交往,在交往中能感受到无限的乐趣,因为他那颗不甘寂寞的心最需要友情、欢声笑语。他们敏捷,有着极高的灵活性,不仅乐于交往,而且与周围环境能够保持着和谐的气氛。有什么情绪他们绝对不会深藏不露,与此相反,他们喜怒哀乐俱形于色。不过,情感不稳定,不易集中注意力,这既是他们的特征又是他们固有的缺点。

(二)胆汁质型性格

胆汁质型性格的人心直口快、坦诚直率,而且热诚待人。旺盛的精力能够使他们把复杂的工作承担下来。情绪表露于外的他们不易控制自己的情感,脾气一起来,暴躁得让人不得不退缩三尺。他们反应虽然很敏捷,但往往不太着边际,目标准确性较差。他们对事情抱有很大的兴趣,兴奋性很高。尽管行为不够均衡,但也表现出了明显的周期性。

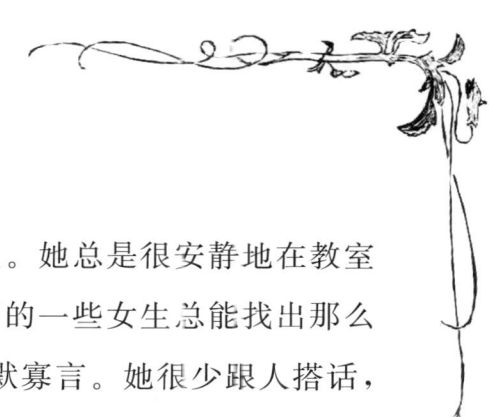

(三)黏液质型性格

李琳是一名高中三年级学生。她总是很安静地在教室里自己的座位上坐着。尽管周围的一些女生总能找出那么多有趣的话题来,可她却仍然沉默寡言。她很少跟人搭话,也很少发脾气,总是那么文文静静。虽然有时候成绩不如意,但她却没有什么激动的反应,仍然安静地坐着复习功课。她总是不慌不忙,走路做事都是慢腾腾的,说起话来也总是轻声细语。老师的提问时常不能得到她立即的回答,虽然她也很聪明。她不善于跟班上的同学相处,环境适应能力一般,但她时常回想起初中时的美好时光和昔日挚友。

安静稳重,情绪不易外露,善于克制自己的黏液质人给人的是一副深沉的外表。他们注意力很稳定,但又不易于转移。沉着、不善言谈、踏实是他们的特点之一。他们的总体特征是社交水平一般,均衡、安静。

(四)抑郁质型性格

抑郁质型性格的人给人感觉行为孤僻,好像总要跟别人有所区别才能满足他们的心境似的。他们多愁善感,总是把情感深埋心中。他们有着较高的感受性,而且感觉特别敏锐,常能觉察到一些他人所不易发现的细小事物。反应迟缓是他们的特点,因此,请给他们做出回答的充分时间,否则,他们脆弱的心灵难免会承受意外的震动。

在生活中这四种性格类型的人是很容易区分的。比如,四位分属不同气质类型的人在去看一场电影的时候都因故迟到了,并被门卫拒之门外。下面是他们各自与门卫打交道的情景:胆汁质型人会与门卫争执一番,然后强行冲入;多血质型人会用他精明的眼睛很快发现旁边的一个窗户,于是,他绕过门卫跳窗而入;而黏液质型人则会不紧不慢地向门卫解释原因,虽然多次解释仍未能奏效,但他还是不愿离去,还在试图说服对方;抑郁质型人则会自叹命运安排,连看都不看门卫一眼便怏怏而去。

又如,这四种类型的人在看同一本书的同一情节时,他们的反应又迥然不同:胆汁质型人会毫无顾忌地开怀大笑,他们的情感世界如同海洋风暴一样来得快消失得也快;黏液质型人却正襟危坐,一本正经,即使有什么可笑的事情也很难令他发笑;抑郁质型人紧夹双腿,苦蹙双眉,即使笑起来也是一种苦笑;多血质型人却随和不拘,坐立的姿态也是灵活多样,神态自然平和。

第二章　认识自身的情绪

测试你的气质类型

心理学家认为,人的气质可分为胆汁质、多血质、黏液质和抑郁质四种。

了解自己的气质,对选择专业、培养性格、提高学习效率、处理和周围人的关系都有重要意义。下面的30道题可以帮助你大致确定自己的气质。

▲回答及记分方法

请在你认为符合自己情况的题后记2分;比较符合的记1分;介于符合与不符合之间的,记0分;比较不符合的记-1分,完全不符合的,记-2分。

1.做事力求稳妥,不做无把握之事。

2.遇到可气的事就怒不可遏,非把心里的话全说出来才痛快。

3.宁愿一个人做事,不肯与很多人在一起。

4.到一个新环境很快就能适应。

5.厌恶强烈的刺激,如尖叫、噪声、惊险镜头等。

6.和人争吵时,总是先发制人,喜欢挑衅。

7.喜欢安静的环境。

8.善于和人打交道。

9.羡慕那些善于克制自己感情的人。

10.生活有规律,很少违反作息制度。

11.在多数情况下情绪是乐观的。

12.遇到陌生人觉得很拘束。

13.遇到令人气愤的事能很好地自我克制。

14.做事总是有旺盛的精力。

15.遇到问题常常举棋不定,优柔寡断。

16.在人群中从不觉得过分拘束。

17.情绪高昂时,觉得做什么都有趣,反之觉得做什么也没意思。

18.当注意力集中于一事物时,别的事情很难使你分心。

19.理解问题总比别人快。

20.碰到危险情况,常有一种极度恐怖感。

21.对学习怀有很高的热情。

22.能够长时间做枯燥单调的工作。

23.符合兴趣的事情,干起来就劲头十足,反之就不想干。

24.一点小事就能引起情绪波动。

25.讨厌做需要耐心的细致工作。

26.与人交往不亢不卑。

27.喜欢参加热烈的活动。

28.爱看感情细腻,描写人物内心活动的文学作品。

29.学习时间长了常感到厌倦。

30.不喜欢长时间讨论一个问题,愿意立即动手干。

31.宁愿侃侃而谈,不愿窃窃私语。

32.别人说我总是闷闷不乐。

33.理解问题常比别人慢。

34.疲倦时只要休息短暂的时间就能精神抖擞,重新投入学习。

35.心里有事宁愿憋在心里,不愿说出来。

36.认准一个目标就希望尽快实现,不达目的誓不罢休。

37.学习同样一段时间后常比别人更感疲倦。

38.做事有些莽撞,常常不考虑后果。

39.老师讲新知识时,总希望讲得慢些,多重复几遍。

40.能很快地忘记不愉快的事情。

41.做作业总比别人花的时间多。

42.喜欢运动量大的剧烈体育活动或参加各种文艺活动。

43.不能很快地把注意力从一件事转移到另一件事上去。

44.接受任务后,就希望把它迅速解决。

45.认为墨守成规比冒风险强些。

46.能同时注意几件事物。

47.当烦闷时,别人很难使我高兴。

48.爱看情节起伏跌宕、激动人心的小说。

49.对工作抱认真严谨、始终一贯的态度。

50.和周围人的关系总是相处不好。

51.喜欢复习学过的知识,重复已经掌握的工作。

52.希望做变化大、花样多的工作。

53.小时候会背的诗歌比别人记得清楚。

54.别人说我出语伤人,可我并不觉得这样。

55.在体育活动中,常因反应慢而落后。

56.反应敏捷,头脑机智。

57.喜欢有条理而不是很麻烦的工作。

58.兴奋的事常使我失眠。

59.老师讲新概念,常常听不懂,但是弄懂以后就很难

第二章 认识自身的情绪

忘记。

60.假如学习枯燥无味,马上就会情绪低落。

▲结果分析

A.把每题得分按下表题号相加,并算出各栏的总分数。

胆汁质:2 6 9 14 17 21 27 31 36 38 42 48 50 54 58

多血质:4 8 11 16 19 23 25 29 34 40 44 46 52 56 60

黏液质:1 7 10 13 18 22 26 30 33 39 43 45 49 55 57

抑郁质:3 5 12 15 20 24 28 32 35 37 41 47 51 53 59

B.如果多血质一栏得分超过20分,其他三栏得分较低,则为典型多血质;如果有两栏的得分明显超过另两栏得分,而且分数比较接近,则为混合型气质,如胆汁—多血质混合型;多血—黏液质混合型;黏液—抑郁质混合型,等等;如果一栏的得分很低,其他三栏都不高,但很接近,则为三者混合型,如多血—胆汁—粘黏质混合型或黏液—多血—抑郁质混合型。

多数人的气质是一般型气质或两种气质的混合型,典型气质和三种气质混合型的人较少。

测试你的意志力

人的一生中需要随时做出各种决定,有些决定甚至影响人的一生,而做出各种决定的方式又是千差万别的。有的人可以"眉头一皱计上心来",而有的人总是奉行"三思而后行"的稳重原则,必须寻求一个解决问题的最好方法。要做到这一点,就要使自己具有良好的意志品格。那么,意志坚强是你固有的性格特点吗?你经常仓促地做出决定吗?或者,你是个优柔寡断的人吗?请你先对下述自测题做出"是"与"否"的回答。

1.你能很快适应新环境、新集体吗?

2.假如有人推荐你任班干部、学校里的学生干部时,你能毫不含糊地表示同意吗?

3.你勇于公开表白自己的意见吗?特别是明白自己的意见和别人的意见有矛盾的时候。

4.对于发生的差错,你是否竭力否认,或是千方百计找借口开脱?

5.你能向人说明自己不同意某事的真实原因和理由,从不采用各种言辞或手段掩盖自己的真实思想吗?

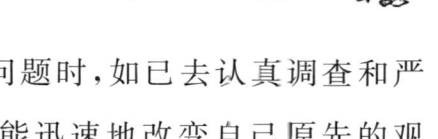

6.在处理某一有争论的问题时,如已去认真调查和严肃讨论,弄清了事实真相,你能迅速地改变自己原先的观点吗?

7.如果你在商店看到一种你非常喜欢但并非十分必要的东西,你会立即买下来吗?

8.你会在你最亲近的朋友的劝告下改变决定吗?

9.你能提前把自己的学习和娱乐时间表订好而不随意变动吗?

10.你是否能实现自己许下的诺言?

▲答案及结果分析

问题	1	2	3	4	5	6	7	8	9	10
答案记分 是	4	3	2	0	2	3	0	0	1	3
答案记分 否	0	0	0	4	0	0	2	3	0	0

对照上面的记分表,把应得的分加在一起。

A.假如你的得分在0~9分,表明你是一个意志很不坚定的人,经常为一件小事或一个小问题翻来覆去地考虑怎么办,而在做出某项决定之前,还要长时间地广泛征求别人的意见,做出的决定却又往往是不明确、不坚定、不彻底的。请你千万别为自己辩护,把自己看成是一个天生稳重、万无一失的人,只能说明你是一个胆小怕事、缺乏主见和谨小慎微的人。由于你意志不坚定,降低了你在集体中应起的作用,人们也难以对你信赖和寄予厚望。性格的改变虽然不容易,但也是可以改变的。请从日常生活中的小事做起,努力锻炼按照理智迅速地做出自己的正确决定,功到自然成。

B.假如你的得分在10～18分,表明你决定问题很谨慎。当需要对某一严肃的问题当机立断做出决定时,你可能不会屈从他人的意见,而当有充裕的时间进行考虑时,你却可能被环境势力所征服,无原则地苟同习惯势力。因此,你在决定问题前要充分运用自己的经验,经验可以使你得到比较正确的结论。你也可以同别人交换意见,以检验你做出的决定是否正确。

C.假定你的总分在19～28分,说明你的意志相当坚定,能迅速地做出正确的决定。当然,也可能有一些失误,但你能很快意识到并采取一些措施进行补救和改正。在对一件事做出决定时,你主要依靠自己的力量,不轻视别人的意见,而且能够知错就改,不顽固地维护自己的尊严。

D.如果你的总分在29分以上,则说明你可能有武断的

第二章 认识自身的情绪

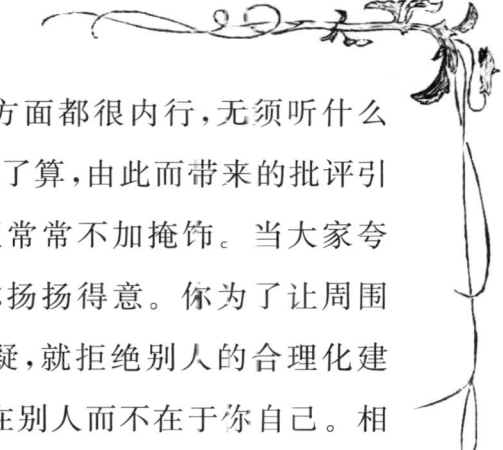

倾向。认为自己在活动的一切方面都很内行,无须听什么意见,把负责制理解成一个人说了算,由此而带来的批评引起你的气愤,对这些气愤你甚至常常不加掩饰。当大家夸你是一个果断而刚毅的人时,你扬扬得意。你为了让周围的人对你所确定的意见深信不疑,就拒绝别人的合理化建议,当发生失误时,你深信责任在别人而不在于你自己。相信自己的意见绝对正确是一个不良的品性,会影响别人的积极性、主动性,甚至独立行动的愿望实现,会给集体造成心理上的严重损害,妨碍你的学习和工作。

相关链接

情绪的作用

(一)情绪在心理中的作用

普拉奇克认为情绪是在人类的不断进化中产生的。当特定的行为模式、生理唤醒及相应的感受状态三成分出现后,就具备了情绪的适应性,其作用在于发动机体中能量使机体处于适宜的活动状态,将相应的感受通过行为(表情)表现出来,以达到共鸣或求得援助。所以,情绪自产生之日起便成为适应生存的心理工具。

人类继承和发展了动物情绪这一高级适应手段。人类个体发育几乎重复了动物种系发生的过程。人类婴儿在出生时,由于脑的发育尚未成熟,还不具有独立行动和觅食等维持生存的基本能力,他们靠情绪信息的传递,得到成人的哺育。成人正是通过婴儿的情绪反应体察他们的需要,并及时调整他们的生活条件的。

正因为如此,情绪的适应作用从根本上说是服务于改善和完善人的生存和生活条件的。无论是儿童或成人,通过快乐表示情况良好,通过痛苦表示急需改善不良处境,通过悲伤和忧郁表示无奈和无助,通过愤怒表示行将进行反抗的主动倾向。同时,由于人生活在高度人文化的社会里,情绪的适应功能的形式有了很大的变化。例如,人用微笑向对方表示友好,通过移情和同情来维护人际联结,掩盖粗鲁的愤怒行为等。可以说,情绪起着促进社会亲和力的作用。但是人们也看到,在个人之间和社会上挑起事端引起的情绪对立,有着极大的破坏作用。总之,各种情绪的发生,时刻都在提醒着个人和社会,去了解自身或他人的处境和状态,以求得良好适应。社会有责任去洞察人们的情绪状态,从总体上做出规划去适应人类本身和社会的发展。

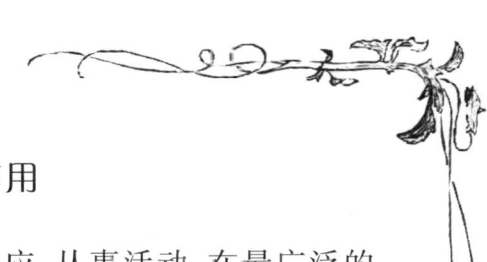

(二)情绪对心理的激发作用

情绪能够催化有机体发生反应、从事活动,在最广泛的领域里为人类的各种活动提供动机。情绪的这一动机功能既体现在生理活动中,也体现在人的认识活动中。一般来说,生理内驱力(drive)是激活有机体行为的动力。但是情绪的作用则在于能够放大内驱力的信号,从而更强有力的激发行动。(S.Tomkins,1973)例如,人在缺水或缺氧的情况下,血液成分发生变化,产生补充水分或氧气的生理需要。但是这种生理驱力本身并没有足够的力量去驱策行动。而这时产生的恐慌感和急迫感起着放大和增强内驱力信号的作用,并与之合并而成为驱策人行动的强大动机。此外,内驱力带有生物节律活动的刻板性。例如,呼吸、睡眠、进食均按生物节律而定时,情绪反应却比内驱力更为灵活,它不但能根据主客观的需要及时地发生反应,而且可以脱离内驱力而独立地起动机作用。例如,无论在任何时候和何种情况中发生,恐惧均能使人退缩,愤怒定会发生攻击,厌恶一定引起躲避等。

情绪的动机作用还体现在对认识活动的驱策上,这一点通过兴趣情绪可明显地表现出来。严格来说,认识的对象并不具有对活动的驱策性,促使人去认识事物的是兴趣和好奇心。兴趣作为认识活动的动机,导致注意的选择与集中,支配感知的方向和思维加工,从而支持着对新异事物的探索。

(三)情绪对心理的组织作用

情绪对心理活动起着组织者的作用,情绪是独立的心理过程,有自己的发生机制和操作规律。作为脑内的一个监测系统,情绪对其他心理活动具有组织的作用。情绪的组织作用包括对活动的瓦解或促进这两个方面,一般来说,正性情绪起协调的、组织的作用,负性情绪起破坏、瓦解或阻断的作用。

学者经过研究发现,情绪能影响人对认知操作的效果,其影响效应取决于情绪的性质及强度。中等唤醒水平的愉快和兴趣情绪为认知活动提供最佳的情绪背景。愉快强度与操作效果曲线呈倒"U"形,过低或过度的愉快唤醒均不利于认知操作。这些研究结果符合关于不同唤醒水平的情绪对手工操作的不同效应的叶克斯—道森规律。而对负情绪来说,痛苦、恐惧的强度与操作效果呈直线相关,情绪强度越大,操作效果越差。与痛苦、恐惧不同的是,由于愤怒情绪具有自信度较强的性质和指向于外的倾向,中等强度

第二章 认识自身的情绪

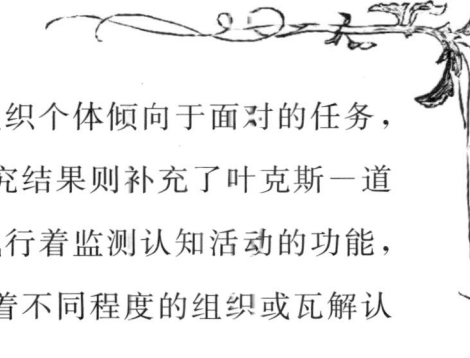

的愤怒一旦爆发出来,有可能组织个体倾向于面对的任务,导致较好的操作效果。这些研究结果则补充了叶克斯—道森曲线。上述结果表明,情绪执行着监测认知活动的功能,不同性质和不同强度的情绪起着不同程度的组织或瓦解认知活动的作用。

情绪的组织作用也体现在对记忆的影响方面。鲍维尔的研究表明,当人处在良好的情绪状态时,更容易回忆那些带有愉快情绪色彩的材料。如果识记材料在某种情绪状态下被记忆,那么在同样的情绪状态下,这些材料更容易被回忆出来。这说明情绪具有一种干预记忆效果的作用,使记忆的内容根据情绪性质进行归类。

情绪的组织作用还表现在影响人的行为上。人们的行为常被当时的情绪所支配。当人处在积极、乐观的情绪状态时,倾向于注意事物美好的一面,态度和善,乐于助人,并勇承重担。而消极情绪状态则使人产生悲观意识,失去希望与渴求,也更易产生攻击性。

(四)情绪的交流沟通作用

情绪具有交流沟通的作用。情绪通过独特的无词通信手段,即由面部肌肉运动模式、声调和身体姿态变化所构成

的表情来实现信息传递和人际间的互相了解。其中面部表情是最重要的情绪信息媒介。

语言是人际交流的最主要工具,而情绪信息的传递则应当说是语言交际的重要补充。而且,在许多情境中,表情能使言语交流所造成的不确定性和模棱两可的情况明确起来,成为人的态度、感受的最好注解。而在另一些场合,人的思想或愿望不宜言传,也能够通过表情来传递信息。在电影业发展早期,无声电影正是通过演员的各种表情动作来向观众传递信息的。

但是,从沟通交流的发生上说,表情信息的交流则出现得比语言要早得多,而情绪是高等动物信息传递的主要工具,也是前言语阶段婴儿与成人互相沟通的唯一渠道和手段。情绪的适应功能正是通过其通信作用实现的。

表情信号的传递不只是服务于人际交往,而且往往成为人们认识事物的媒介。这一现象在婴幼儿中表现得最明显,在成人中也经常发生。例如,婴儿从一岁左右开始,当面临陌生的不确定情境时,往往从成人面孔上搜寻表情信息(鼓励或阻止的表情),然后才采取行动(趋近或退缩)。这一现象称作情绪的社会性参照作用。情绪的参照作用对于儿童和成人都有助于社会适应,尤其对于儿童的心理发

第二章　认识自身的情绪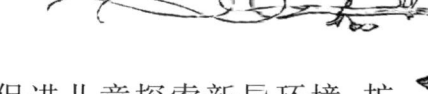

展起着关键的作用。它有助于促进儿童探索新异环境，扩大活动范围和发展智慧能力。

情绪的沟通交流作用还体现在构成人与人之间的感情关系上。例如，母婴之间有着以感情为核心的特殊的依恋关系，这是最典型的感情联结模型。半岁以上婴儿在母亲离开时会表现出不安和哭闹，称为"分离焦虑"。婴儿在七八个月以后，在母亲经常接近和离开的不断重复中，从而学会预料母亲接近和离开的后果，形成"依恋安全感"。依恋安全感的建立是儿童情绪健康和人格完善发展的重要基础。它使婴儿经常快乐，更容易同他人接近并建立友好关系，更愿意认识和探索新鲜事物。此外，感情联结还有其他多种形式，例如友谊、亲情和恋爱，都是以感情为纽带的联结模式。

情绪的作用向我们揭示，情绪既服务于人类基本的生存适应需要，又服务于人类社会群体生活的需要。人们每时每刻发生的情绪过程，都是自然环境和社会环境对人发生影响相结合的反应。情绪卷入人的整个心理过程和实际生活，成为人的活动的驱动力和组织者。

格言小语

　　心被那神圣之火燃烧起来的人,总是想法子把他的心倾吐出来,要把满腔的东西拿给人看。这样的人恨不得把心掏出来放在脸上,他绝不会想什么修饰打扮。

——卢梭

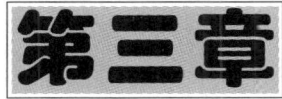

情绪的自我管理
QING XU DE ZIWO GUAN LI

第三章　情绪的自我管理

好的情绪与健康的心理状态

有些同学经常为成绩的提高而欢乐，为集体没有获得荣誉而郁闷。出现这种情绪反应是适当的，缺乏这种情绪反应则是不正常的。如果一个学生对于损害集体声誉的行为不感到羞愧或愤慨，对于学习的成就不感到欣喜，他就不可能坚持进步与努力向上。学生的情绪不论是积极的或是消极的，都应当允许表达，因为情绪的压抑对身心健康都是有害的。当然，不适当的情绪表达，也要通过引导使其达到健康的水平。

健康心理和良好的情绪能使反应的强度与引起情绪的刺激强度相适应。情绪的过度强烈和过度抑制都是不正常的。

情绪反应的时间应跟着引起情绪的客观情境的变化而变化。当引起愉快、欢乐情绪的客观情境已经转移，而再进行另外一项活动时,学生仍然沉浸在愉快、欢乐之中,那么这种情绪就是不适当的。长时间陷入消极情绪中的学生,就会影响学习或活动的效率。

情绪反应的特点应该符合所处年龄阶段。例如,中小学生时期是情绪最易激动的时期,但中小学生控制情绪的能力和情绪的稳定性已比学龄前或学龄初期儿童大大增强。如果一些中学生的情绪自控能力仍停留在小学生的水平上,这就值得教师注意并采取相应的教育和治疗措施了。

中小学生情绪的调节方法

(一)舒尔茨的训练法

人的一生不可能事事如意,有时生活充满着七色阳光,而有时也会遇到阴霾。为帮助摔伤的老人去医院上学迟到了一个小时,心里充满着助人为乐的喜悦却遭到老师不问青红皂白地批评;家庭中的矛盾;同学间的误会……人人都会有不顺心的时候,那么你怎样排除这种不愉快的情绪呢?

精神病学家舒尔茨根据自己多年的苦心钻研,得出一

第三章 情绪的自我管理

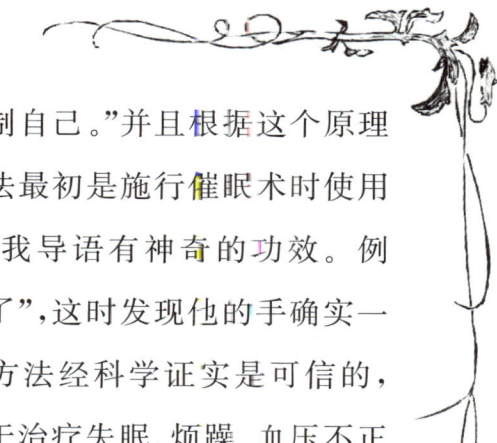

条基本原理:"每个人都可以控制自己。"并且根据这个原理创建了"自主训练法"。这种方法最初是施行催眠术时使用的,当时发现在催眠状态下,自我导语有神奇的功效。例如,当一些反复说"我的手暖和了",这时发现他的手确实一点一点地开始暖和起来。这种方法经科学证实是可信的,于是从20世纪60年代开始用于治疗失眠、烦躁、血压不正常、哮喘、偏头疼和背痛等病症。用这种方法治病需要在精神科医生指导下进行。

人们如何调节不良情绪,保持轻松愉快的心境呢?可以采用简易可行的办法。具体做法是:

安静地坐在椅子上,让自己的背部轻轻地靠在椅子背上,头摆正,稍稍前倾,两眼正视前方,两手平放在大腿上,两脚摆放与肩同宽,全脚掌落地,脚心紧紧贴住地面,两眼轻轻闭合,慢慢地深呼吸三次,静养,此时排除杂念,把注意力放在两手和大腿的边缘部分,然后把注意力集中到手心。这时心里默念"静养,静养",两手就会暖和起来。逐渐将意念导向脚心,重复上述动作,脚心处也会感到暖和。手脚都感到温暖时,身体有一种飘然的感觉,此时头部也会感到轻松。

这种方法易学、省时,可以调节情绪,消除心理紧张、烦

恼和心理压力。需要注意的是,第一,要相信这种方法是有效的。第二,贵在坚持。经过一段时间的锻炼,就会尝到甜头。当你熟练地掌握了这种自主训练法之后,就可以随时随地地使用。可以坐着练,可以步行、乘车时练,可以在休息时练,也可以在工作间歇时练。抽出15～20分钟练习一下,就可能缓解你的不良情绪,使你永远保持舒畅愉快的心境。

(二)美国心理学会的训练法

中小学生的情绪具有极端性。特别是中学生对待生活和学习充满了热情,但是遇到不如意的事情又往往不冷静,爆发激情是常有的事。产生自卑、自暴自弃的现象也不少见。这完全是由于心理冲突造成的心理不平衡的缘故引起的。所以,调节情绪最根本的方法是保持心理平衡。

那么,怎样才能保持心理平衡,获得良好的心境呢?美国心理卫生学会提出了11条要诀。现在结合中小学生特点,谈谈如何使用这些方法。

(1)要求自己要从实际出发,不要过分苛求。每个中小学生都有自己的抱负,但是不少中小学生把自己的抱负定得太高,凭自己的能力和条件是很难实现的。于是终日郁

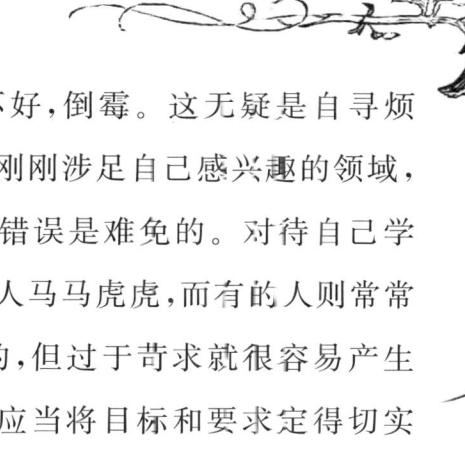

郁不得志,总认为自己命运不好,倒霉。这无疑是自寻烦恼。由于中小学生阅历不足,刚刚涉足自己感兴趣的领域,缺乏经验,出现这样或那样的错误是难免的。对待自己学习和工作中出现的瑕疵,有的人马马虎虎,而有的人则常常自责。对自己严格要求是对的,但过于苛求就很容易产生挫折感。为了获得心理平衡,应当将目标和要求定得切实可行,即定在自己能力范围之内,并学会从成功中获得欣慰,这样就能保持心情舒畅。

(2)对他人期望不要过高。我们在分析中小学生学习成绩与教师教学的关系时发现,有些同学把自己成绩差的原因归到教师身上,把自己取得好成绩的愿望寄托在教师身上。对他人期望过高往往把自己的能力和自己的努力忽视掉,其结果必然使自己大失所望,带来不良情绪。

(3)疏导控制自己的愤怒情绪。中小学生遇事不冷静,很容易爆发激情,产生愤怒、生气等不良情绪。在这种情况下,很容易与教师"顶牛",与同学打架,以致出现各种各样的失态行为和错误。中小学生克服激情的办法最好是培养一点"阿Q精神",抱着笑骂由人的态度,这样可以把愤怒的情绪抛到九霄云外,使心理获得平衡。

(4)偶尔也要屈服。青少年朋友应该是有理想、有远大抱负的人,因此应学会做事从大处着想而不斤斤计较。只有那些没有见识和缺乏远见的人,才事事钻牛角尖。要做到与人交往时求大同、存小异,即只要大前提不受影响,在小处可以不必过分坚持,以减少自己的烦恼。

(5)暂时逃避一下。当你在生活中受到挫折时,应该将烦恼的事放下,去做你喜欢做的事。比如参加体育活动,看电影,听音乐或者睡上一觉,等到心境平静时,再重新面对自己的难题。

(6)找一个人诉说你的烦恼。当你被烦恼所困时,把抑郁埋在心里只会使你郁郁寡欢。如果把内心的烦恼告诉给你的知己好友或师长,心情会顿感舒畅。

(7)帮助别人做些事。帮助别人是中小学生最愿意做的事情。当你帮助别人做事时,不仅可以使自己忘却烦恼,而且可以体验到自己存在的价值,获得更加珍贵的友谊。

(8)在一段时间里只专心地去做一件事。根据美国心理学专家乔奇博士的研究发现,构成忧思、精神崩溃等疾病的主要原因是由于患者面对很多急需处理的事情,精神压力太大而引起的精神上的疾病。因此,要减少自己的精神负担,不要同时进行一件以上的事情,以免弄得自己心力俱竭。

(9)竞争是好事,但是不要处处与人竞争。有些同学情绪不好,心理不平衡,这完全是因为他们处处与他人竞争,总想"拔尖""超过别人",因此使得自己经常处于紧张状态。我们和同学相处,不要总把人家看成是对手。其实,人家也不一定是与你为"敌"的。

(10)尽量与人为善。在同学中间,由于竞争和误解,不免产生一些戒心,并在交往中出现一些不友好的言行。这种情况会直接影响同学们的情绪,造成交往中的心理不平衡。解决这一问题的方法是与人为善,多交朋友,少树对立面,这样心情就会舒畅。

(11)娱乐。有的同学在学习上,有的同学在生活上,总感觉有一种压力,这是正常现象。心理上没有压力的人是没有的,问题在于如何正确对待这种压力。有的人经受不起这种压力,从而引起心理和身体方面的疾病。怎样才能解脱这种压力而保持心理平衡呢?专家们研究认为参加娱乐活动是最好的办法。有的同学压力越大越不敢"玩",其结果导致心理压力不但不能解脱,反而会更加严重。

以上 11 条要诀听起来十分简单,但每位同学可以扪心自问,你能做到几条?如果知而不行,等于不知。希望同学们在生活中用这些方法试一试。

(三)心理疏导法

一天,一个人焦急地对心理学者说:"我的孩子上中学了,学习表现一直很好。只是最近,整天闷闷不乐,也不好好念书,一说话就急。"心理学者想了想,说:"我找他谈谈吧!"不久,心理学者就和这位年轻的朋友聊了一次。他们的谈话无拘无束,从学校到社会有什么聊什么。于是这个孩子说了起来:"最近一次全年级英语竞赛,我得了第二名,而得第一的那个同学在考场作弊,我很生气。我跟老师说了这种情况,老师还说我嫉妒……"

世事岂能尽如人意,生活中不顺心的事经常会有的。如果有话不说,总感到不舒服、不愉快。然而,有时有些话不好说。比如,别人入团了,当三好生了,自己觉得"他们还不如我呢"。看到社会上的不正之风心里"那个劲儿"的,又不敢发牢骚。久而久之,不满、不安就会使情绪亢奋。满满一肚子话不能说,总有一天会像鼓胀的气球"崩爆"了。

有些人会这样告诉别人:想哭的时候就哭,想笑的时候就笑,过度的压抑,使内心的苦闷不能发泄出来就会导致疾病。所以,青少年朋友们不要为保持所谓的"尊严""体面"而强行束缚自己的感情,解脱这种不良情绪的办法就是采

用心理疏导的方法。

所谓心理疏导的方法就是在不伤害自己和他人的健康,不破坏社会道德生活方式的前提下,把心理上积存的郁闷通通打发出来,使神经通路畅通无阻。这种方法既是传统的心理治疗法,也是日常生活中调节情绪的有效方法。那我们青少年朋友应该怎样运用这种方法呢?

1.交几个能交心的朋友,别把所有心思都藏在心里。但是有话跟谁去说呢?我们周围的人是否都愿意静心聆听你的"牢骚"呢?这个时候就看你有没有知心朋友了。可见,我们中小学生应该多交几个知心朋友,彼此以诚相见,将心换心,互诉衷肠。因为有话不说不好,乱说更不好。只有对知心朋友(包括老师和家长)说出心里话才会得到善意的劝告,以减轻心理压力。这也是一种"疏导",可以帮助你解脱烦恼。

2.注意调整自己的性格。有话憋在肚子里的人往往是性格内向的人。这种性格的人往往孤僻、胆怯、怕羞、不善社交。要改变这种自我压抑的状态,就应该培养自己的广泛兴趣和爱好,丰富自己的业余生活。一个生活有情趣的人,总是可以找到疏导排泄不良情绪的机会和方法的。

记日记是一种良好的自我疏导方法。报纸上曾介绍,一位少女消除自己苦闷情绪的方法——写日记。她把憋在肚子里的话,毫无顾忌地全盘托在日记里面,借以消除亢奋的情绪。她自拟题目为"不投邮局的信"。过了许久以后,翻开日记她不禁觉得自己可笑。然而,当时的不良情绪却早已消失得无影无踪了。

(四)矛盾冲突的缓解方法

著名诗人歌德写的《少年维特之烦恼》讲述了青年人在爱情上的烦恼。

在人的一生当中,总会遇到来自工作、学习和生活上形形色色的烦恼。"哥哥、姐姐都上了大学,我考不上怎么办?""她的信是那么痴情,可是我不想这么早就谈恋爱,我该不该回信?我该怎么回信呢?""烦恼如丝,剪不断,理还乱。"如果你被烦恼所纠缠,就会心烦意乱,吃不香,睡不着。如果你不能正确地处理身边的烦恼,它就会像蛀虫一样,无休止地啃噬你的心灵,甚至使你陷入痛苦的深渊之中,无力自拔。

烦恼是每一个人或多或少都会有的。然而,一个心理健康的人是不会无缘无故地出现这种情绪体验的,必然是事出有因。其"因"往往是个人的心理冲突。什么是心理冲

第三章 情绪的自我管理

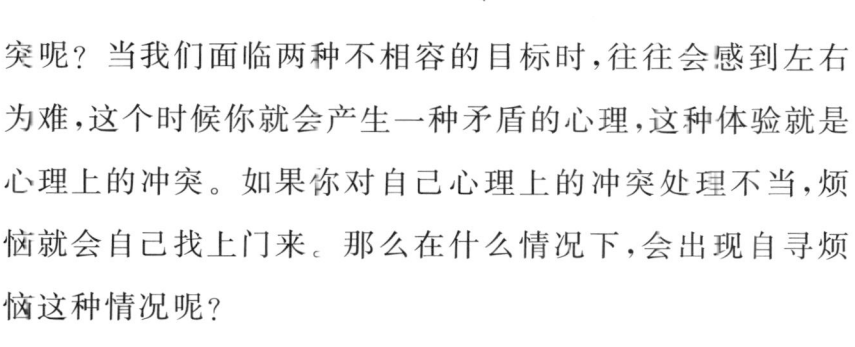

突呢？当我们面临两种不相容的目标时，往往会感到左右为难，这个时候你就会产生一种矛盾的心理，这种体验就是心理上的冲突。如果你对自己心理上的冲突处理不当，烦恼就会自己找上门来。那么在什么情况下，会出现自寻烦恼这种情况呢？

当你下午五点准备看电影，而班上组织的足球比赛又需要你上场的时候；当你考虑自己的前途，又想升学，又想就业，徘徊不定的时候。这时，你就会产生不能同时达到两个目标的矛盾心理。这就是接近—接近型心理冲突。这种情况处理不当，会造成你的烦恼。

当你面临同时需要回避的两个目标的时候，你往往左右为难，进退维谷，甚至企图摆脱这种困境。这时的心理矛盾，就是回避—回避型心理冲突。例如，当你听了别人的教唆，违心地干了一件坏事，自己内心非常痛苦，决心悄悄改正的时候，那个教唆你的人出来威胁说："如果不继续干，我就将这件事宣扬出去！"这个时候，你只有依靠老师和家长的帮助，才能摆脱痛苦。否则，你将会更深地陷入无限的烦恼之中。

在中小学生中最常见的是接近—回避型心理冲突。它是指，当你一方面要接近一个目标，同时又想回避这个目标的时候,此时的心理活动就处于矛盾状态。例如,有的同学愿意接近老师,但又怕同学说"巴结狗""跟屁虫";有的同学想要举手回答问题,又怕答错了,老师批评,同学讥笑。

类似这种心理冲突都是在你内心世界里发生的。同样的情境,同样的事情,你可能有烦恼的情绪体验,而别人就未必有同样的体验。同样的烦恼,有的人不以为然,下乔入幽;有的人则纠缠不休,日坐愁城。可见,烦恼有强烈的主观性。要预防和解除烦恼也必须从这个"主观性"上想办法。

那么,怎样预防和解除你心头的烦恼,甘之如饴地生活和学习呢?

不要自寻烦恼。人们经常说,烦恼是自找的。这话是有一定道理的。当你感到烦恼的时候,引起烦恼的事情往往并没有发生,甚至根本不会发生,只是自己跟自己过不去。美国著名作家马克·吐温曾经说过:"我知道的烦恼很多,但却大部分都始终没有发生!"可见,一个人不去多想烦恼的事,他就不会烦恼。

要努力成为一个乐天积极的人,一个长期被烦恼纠缠不休的人,不可能取得事业上的成功。然而,在事业上获得成功的人,也不可能事事如意,一帆风顺。在前进的道路上

第三章　情绪的自我管理

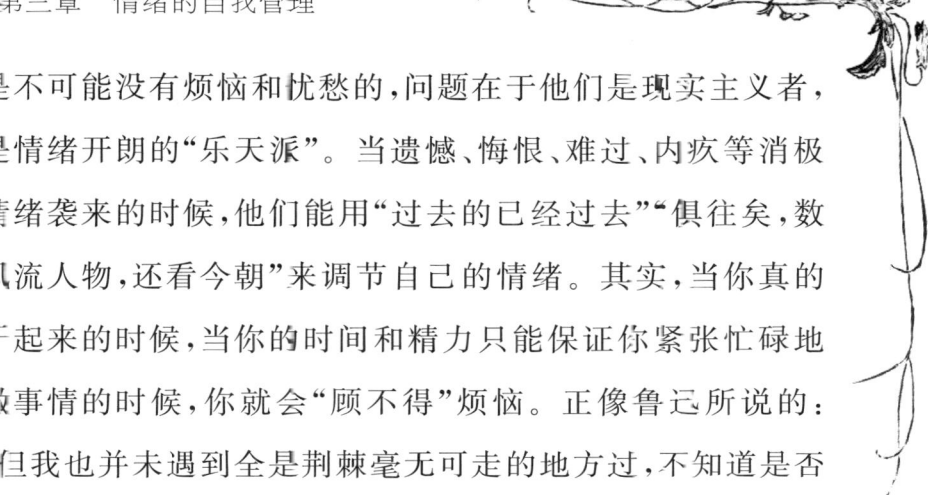

是不可能没有烦恼和忧愁的,问题在于他们是现实主义者,是情绪开朗的"乐天派"。当遗憾、悔恨、难过、内疚等消极情绪袭来的时候,他们能用"过去的已经过去""俱往矣,数风流人物,还看今朝"来调节自己的情绪。其实,当你真的干起来的时候,当你的时间和精力只能保证你紧张忙碌地做事情的时候,你就会"顾不得"烦恼。正像鲁迅所说的:"但我也并未遇到全是荆棘毫无可走的地方过,不知道是否世上本无所谓穷途,还是我幸而没有遇着。"

遇事尽量马上处理不要拖延。烦恼都是由具体的事情引起的。为了预防和解除烦恼,你要把你认为烦恼的事一一记下来,需要你抉择"拿主意"的事,你要慎重地分析利弊,然后下决断:"如果这件事发生,我便这样去做;如果那件事发生,我就那样去做。"将需要付诸实施的,立即完成,绝不拖延。例如,有的人常常为"作业太多"而烦恼。其实,你愁思一夜,不如"开点夜车",还可以赢得睡上一个好觉的时间。

学会自我创造解脱烦恼的情境。有人说,用遗忘的方法去解除你的烦恼,有的时候,这种方法并不能奏效。因为记忆心理学里有这样一条规律:有意遗忘是困难的。比如,我们想忘掉某件事,却偏偏总是出现在脑海里。因此,要想解除烦恼可以有意识地找点别的事,如看电影、看戏、散步、打球、唱歌、听音乐,或跟天真活泼的孩子们一起玩等。烦恼往往是自我的,解除它也主要靠自己。这就是"解铃还须系铃人"。

烦恼的事情需要我们勇敢地去面对它。首先,要平心静气地考虑,使你烦恼的事会不会产生,如果不会发生,就不要杞人忧天;其次,对预料中的事情,应有一个切实可行的方案,对不能预料的事情要做好充分的思想准备,并以饱满的热情去迎接它。因为有些事情只能是"车到山前再找路"才能办到,而过早的忧虑只能是自寻烦恼。

消除自身的烦恼,还需加强我们的修养素质。前面已经说过,同样的情境,同样的事情面前,有人泰然自若,有人烦恼不休。这说明外因是条件,内因是根据。一位改革家在谈到自己战胜烦恼情绪的体会时说:"不是吗?马克思在受到攻击时,就是把流言蜚语当作蛛网一样轻轻抹掉!我们为什么不学学老祖宗的胸怀?争议,何足惧之!何足恼之!世界是在争议中被认识的,真理是在争议中完善和发展的,人是在争议中得到锻炼的。"有了这样的思想境界,你就会正确对待人生,烦恼的情绪也就挡不住你前进的脚步了。

第三章　情绪的自我管理

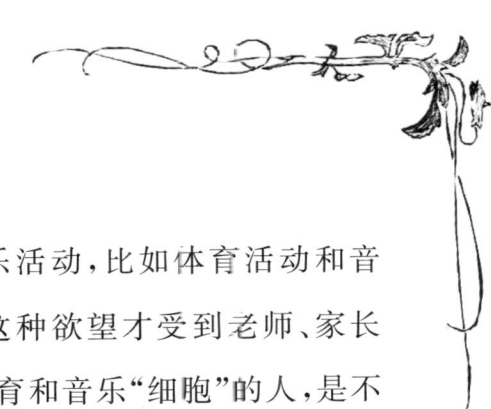

(五)娱乐活动调节法

中小学生们都喜欢各种娱乐活动,比如体育活动和音乐活动,只是在考试的重压下,这种欲望才受到老师、家长以及自己的限制。其实,失去体育和音乐"细胞"的人,是不健康的人,即使能得个好分数,也只是个短期效应。

别忘了健康的身体也是良好情绪的保证。体育记者常常报道,情绪是运动员水平发挥的杠杆。一位奥运会金牌获得者曾说:"奥林匹克水平的比赛,对运动员来说,20%是身体方面的竞技,80%是心理上的挑战。"当然这种数据是没有什么科学依据的,但它至少可以说明情绪与体育运动之间的密切关系。

通过体育运动是可以让人的情绪提升的。可是许多中小学生及其家长、教师并不理解这一点,常常忽视适当参加体育锻炼。我们为什么这么说呢?人们一般把参加体育活动都说成"玩",家长一般都重视孩子们"吃好""睡好",但是,不主张学生"玩好",殊不知,这和"玩"也是生命的需要。健康的精神寓于健康的身体之中,这是有一定道理的。《红楼梦》里的林黛玉是曹雪芹笔下的一位古典美人,她多病多愁,终日也没个好情绪,尽管贾宝玉对这位"病美人"情深意笃,也无奈林妹妹体质虚弱,最终"香魂一缕随风散"。人们在同情之余不禁感叹:黛玉要有个好身子骨,那该多好呀!

法国伟大的浪漫主义作家雨果在他40岁时患上了心脏病,但他在医生指导下坚持体育运动,一直活到80岁。他对我们的启示是,只有保持健康的身体,才能保持旺盛的精力和情绪。

保持身体健康的最重要的方法就是"运动"。人们常说:"生命在于运动。"但是,什么样的运动才有益健康,有利于调整情绪呢?恐怕中小学生知道得不多。

报纸上提到国外一家保险公司在调查了5000名已经去世的运动员的生前健康状况后发现:其中有些人40～50岁就患有心脏病,许多人的寿命竟比普通人还短,这是为什么呢?研究表明,锻炼身体能否收到良好效果与运动量是否适当有关。剧烈运动往往会破坏人体的平衡,加速体内某些器官的"磨损"和生理功能的失调,结果导致人生命的缩短。所以体育运动要适量,才有益于健康,有益于情绪的调节。

怎样才能正确地运用体育运动调节情绪呢?这就是平时我们常讲的"7+1＞8"。什么是"7+1＞8"呢?就是说,

第三章 情绪的自我管理

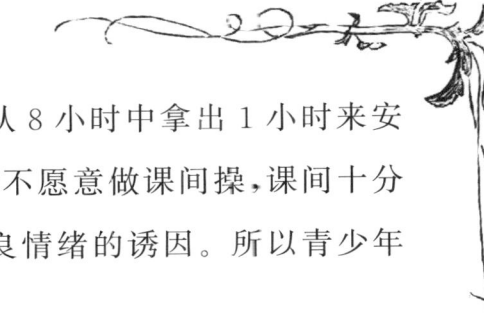

我们学习工作8个小时,不如从8小时中拿出1小时来安排体育运动。常见到有些同学不愿意做课间操,课间十分钟也闷在教室里,这是产生不良情绪的诱因。所以青少年朋友要记住:

早晚慢跑10分钟,两操两课不放松。

课间活动要适量,兴奋过度负效应。

体育运动调情绪,身体健康有保证。

有人曾经说过:"音乐是最情真意切的艺术。"音乐可以调节人的情绪,也可以治病祛邪,这早已为人们所发现。但许多人"知其然"而不知其"所以然"。

音乐治疗法被看作是一门科学的心理治疗方法,还是最近几十年的事情。

音乐治疗法的倡导者是18世纪末的阿特休勒。他发现音乐对精神病患者的治疗有促进作用。后来又有人发现,高血压患者听了一首协奏曲,血压竟下降了13～20毫米汞柱。英国剑桥大学口腔治疗室,用音乐代替麻醉剂,成功地拔牙200多例。以后,又发现音乐可以调节动物的情绪,促进奶牛多产奶,母鸡多下蛋。有人研究了世界上35位著名的交响乐队的指挥,发现他们平均寿命为73.4岁,而且最小年龄为58岁。研究者还发现,精神愉快是这些人的共同特点。于是得出结论:"在正常情况下,一个人终生喜爱音乐可能是长寿的妙方!"

音乐可以治病的原因是什么呢?原来是因为音乐对大脑皮层的刺激可以改变脑电波,可以调节情绪。那些典雅、庄重、平和的音乐可以让人全身放松,使身体本身的节奏(如心跳、呼吸、行走等)与音乐同步同调。心理学研究还证明,某些特殊性质的音乐,会给人们以特殊性质的"声波信息",消除人的紧张,使人的脑子冥想状态单一化、秩序化。

一些肃穆、和谐、庄严或赞美的歌曲,往往会使人整个心灵"无忧无虑"地沉浸在宁静、超脱、升华的感受状态之中,正像一位音乐大师所说:"语言所不能传达的,音乐往往能曲尽其蕴。它的节奏的起伏,曲调的宏纤,往往会促使人的心理产生精微的变化。"

经过科学工作者研究发现,贝多芬的《田园交响曲》能使人心情平静,柴可夫斯基的《悲怆交响曲》却能使人悲哀,甚至使人产生绝望的情绪。青少年朋友喜欢的现代流行的摇滚乐、迪斯科舞曲可以使人情绪激昂。因此,用音乐来调节情绪应该根据自己的精神状态进行选择。当你感到烦躁不安、紧张过度时,可以听柔和的音乐;当你感到忧愁、提不

第三章 情绪的自我管理

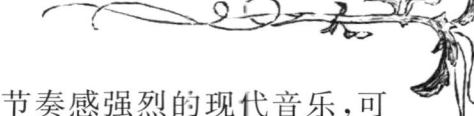

起精神时,听一听雄壮的乐曲或节奏感强烈的现代音乐,可以促使你兴奋。

以上介绍的只是体育和音乐对人类情绪的调节作用,至于文体活动,它包括的范围就更广泛了。例如,钓鱼、养花、绘画、书法、集邮、跳舞等。有人称八小时之外的活动为"休闲疗法"。这些活动,可以使生活更有意义,可以排除烦闷,增添生活情趣,还可以修身养性,陶冶情操。因此,是人们调节情绪、保持心理健康不可缺少的活动。

情绪调节对情绪健康起的重要作用

很多不良的情绪持续存在和蔓延,会引起若干种疾病。情绪往往不能得到有效的控制。其原因可归结为:下丘脑机制导致情绪在一定程度上不受主观随意性的支配;认知过程受情绪的影响,被歪曲的认知是失去控制情绪的意识前提;不适宜的人格因素增加克服情绪的困难度;自我防御机制妨碍自我认知和自我规范。

进行情绪调节和保持情绪健康的有效机制:

（一）学会释放情绪

压抑和紧张是情绪的两种最有害的状态，而愉悦、愉快是最有益于健康的情绪。

愉快的情绪能使人从紧张中得到松弛。快乐基本上属于情绪紧张维度的轻松一端。在正常的工作和生活道路上，目标和责任使人不停歇地前进，并不可避免地带来痛苦、忧虑等额外负担。过度的紧张和压力将超出常态。而快乐对紧张起重要的调节作用，愉快状态使人从紧张中得到间歇，是使人感到轻松的自然调节剂。

快乐一般是从实现有意义的目的中得到的。快乐体验呈现有信心和有意义的意识状态，伴随着满意感和满足感。快乐使人对外界产生亲切感，更易于接受和接近外界，更易于与人处在和谐关系中。快乐体验还具有一种超越的自由感，使人处于轻快、活跃、主动和摆脱束缚的状态，使人享受生活乐趣。

要想缓解自身的紧张状态，也可以采取人为的手段，如放松训练、气功入静等，而保持生活愉快是维持心理健康的天然机制。

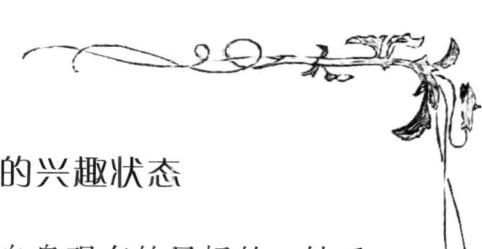

（二）要有生存目标和持续的兴趣状态

人的一生是在不断地实现着自身现有的目标的。缺乏志向无所追求的人较少被社会所承认和接受，难以受到尊重和推崇。从事有益于社会的活动是人类的天然需要。

人们从事的活动应建立和维持兴趣高涨的状态。兴趣状态有助于维持为达到目标所做的努力。这是因为兴趣是一种基本情绪状态，它能支配有机体指向新异性事物，而由兴趣引起的脑兴奋状态是构成人类活动最普遍存在的动机条件。兴趣导致对新异事物以及对变化着的事物的探索与注意的维护，因此它要求大脑活动维持一定程度的优势兴奋。兴趣是一种正性检验，而且带有强烈的享乐色调，它处于比较淡薄而清澈的色调之中。神经激活处于中强水平。在兴趣状态中，人被所面对的对象和所从事的活动所捕捉和占据，处于自身被吸引和被卷入的状态。兴趣最有利于进行认知加工与激活创造性思维。

一种表现为情感冷漠的精神分裂症的患者，缺乏兴趣情绪，不主动寻找刺激。他们是由于罹患了"感觉超载症"，而失去了筛选刺激的能力。兴趣是一种具有良好适应作用的情绪状态，它与愉快的相互作用为认知和创造提供最优的情绪背景,大脑也处于最优的兴奋状态。这一切均有益于健康。

(三)正确的认知和缓解

每个人在遇见外部压力时都有一种自我防御的本能,自我防御策略在人的适应生活中似乎是不可避免的。但过度的自我防御使人在不自觉中罹受痛苦,如过度压抑是精神疾病的重要心理原因。

要正确地建立自我和对待自己。上述追求目标是快乐的来源之一,但只此一点并不能保证得到快乐。因为无论事业上或社交上的成功和成就,只有在从社会和他人相处得到肯定而增长自信心时,才会产生愉快和轻松之感。而且,能力与成就因人而异,成就的大小和能力的高低是不应过分攀比的,关键在于坦诚地认识自我和求实地对待自己。情绪干扰及情绪异常的重要心理因素之一是自我内部的矛盾冲突。对自身的坦诚才能萌生自我满意、满足,并转化为自信。一个人若能向自己开放心灵之门,勇于了解和面对自己的素质与才能、缺点与局限性,就能缓解自我的内在冲突,就将有能力进行自我调整和主动适应。这对避免情绪困扰和情绪异常有重要作用。

第三章 情绪的自我管理

相关链接

情绪在教育教学中的功能

(一)教师的情绪对学生的感染作用

教师可以运用自己的积极情绪去打动学生、感染学生。教师通过愉快情绪的感染,能使学生体验到愉快、振奋的情绪,引起他们的模仿或重复进行这一类行为和活动。教师利用表扬或批评也能唤起学生相应的情绪体验,对行为起巩固、调整和矫正的作用。特别是教师运用自己的感染力向学生提出要求,使他们感到亲切与善意,这样就易于被他们所接受,成为他们推动自己前进的动力。许多后进生的转变大多开始于教师的"动之以情",这正说明了教师感染力的重要性和必要性。

情绪学习主要是学习对客观事物的态度与情绪评论的学习。在教学或教育活动的过程中,教师带情绪的评论,班级受到的表扬、奖励与批评,竞赛的成功与失败,都会使学生获得各种不同的情绪或情感的经验。这种经验不仅有助于他们借助情绪记忆印象去推动学习和提高学习效果,也有助于他们通过移情来正确地对待交往。

在学习过程中,特别是学习一种新材料的最初阶段,学生若是由于迷惑不解而体验到某种程度的紧张并引起不大的焦虑,往往有助于激发积极探索的热情。具有感染力的教师,不仅善于使学生在学习中产生必要的冲突与挫折,而且要以自己的自信心、克服困难的乐观情绪去启发和感染学生,使他们增强解决问题的勇气和摆脱由挫折造成的消极情绪。

(二)情绪对学生的学习效率影响

情绪影响着学习效率,这是不容置疑的,但是是增加还是降低了学习效率?在什么情况下增加或降低?这是值得研究的问题。

叶克斯—道森定律认为,操作与激动水平之间的曲线关系,随着操作的难易和情绪的高低而发生变化。操作困难的代数问题的最佳状态,处于较低的激动水平;操作初等算术技能的高峰,处于中等激动水平;操作简单反应时的高峰,处于较高的激动水平。这说明学习内容越困难,学习效果越容易受到较低激动水平的影响。高度愤怒或过分高兴时,解答问题的效果不佳;简单的操作,在高度激动水平上

第三章 情绪的自我管理

效果较佳;一般操作,适宜于中等激动水平。

格言小语

　　感情无论在什么东西上面都能留下痕迹,并且能穿越空间。

　　感情和气味是这么一种东西:它们犹如光之于太阳,音乐之于风。

——华兹华斯

第四章

情感的自我激励
QING GAN DE ZIWO JI LI

第四章　情感的自我激励

情感有什么样的特征

人的情感具有很多区别于其他心理活动的特征,最重要的特征有如下两个。

(一)情感的对比性

人的任何一种情感都能找到另外一种和它在性质上恰好相反的情感,如满意与不满意、欢乐和悲伤、热爱与憎恨等,这就是情感的两极性。在两极之间,还有一系列不同程度、不同色彩的情感,如"喜"的情感从愉快到狂喜,"怒"的情感从微愠到暴怒。两极情感是会互相转化的,如乐极生悲、破涕为笑等。

(二)情感的环境性

人的情感一般都是在一定的环境中产生的。例如,在具有快乐气氛的环境中,一个人就会产生快乐感;在具有悲哀气氛的情境中,一个人就会产生悲哀感。这就是情感的情境性。因此,触"境"往往生"情",要避免消极的、不愉快的情感,应注意避免有关的情境刺激。情感的动力功能可分为增力功能与减力功能。增力功能是指积极乐观的情感,如良好的心境、饱满的热情、忘我的痴情等,它能够驱使人积极地行动,提高工作和学习的效率。列宁说:"没有'人的感情',就从来没有,也不可能有人对真理的追求。"巴甫洛夫说:"科学是需要人的毕生精力的。假定你们能有两次生命,这对你们来说还是不够用的,科学是需要人的高度紧张性和很大的热情的。希望大家在工作和探讨中都能热情澎湃。"这都是指情感的增力功能。

减力功能是比较消极的、悲观的情感,如烦乱的心绪、极度的哀伤、冷漠的态度等,它能使人行动消极,降低工作和学习效率。

情感的形式与学习

人的需求是多种多样的,但基本上可分为两大类,即生理的或物质的(如对于食物、水、空气、温暖、运动和休息)需要和社会的或精神的(如对于劳动、交往、艺术和文化知识)需要。与此相对应,人的纷繁细微的情感也可分为情绪与

第四章 情感的自我激励

情操两种形式。

(一)情绪与学习

情绪与学习息息相关,情绪是一种比较低级、简单的情感,它一般与人的生理或物质需要相联系,但也与社会或精神需要相联系;它持续的时间比较短暂,但也有持续比较久的;它的外部表现有时特别显著,但也有不甚明显的。情绪通常以激情、心境和热情这三种形式表现出来。良好的情绪状态是学习的重要心理条件。

1.激情与学习

激情是暴雨般强烈、激动而短促的情绪状态。例如,暴怒时,拍案大叫,暴跳如雷;恐怖时,身体发抖,面如土色;狂喜时,捧腹大笑,为之倾倒;绝望时,心灰意冷,头脑昏迷。可见,激情有明显的外部表现。激情通常是由一个人生活中具有重要意义的事件所引起的。对立意向的冲突或过度的抑制也很容易引起激情。

在实际生活中的大多数情况下,激情具有不同程度的破坏性,对一个人的学习是不利的。被激情支配的人往往不能集中自己的注意力,读书、写作、听课时常常心不在焉,往往会降低或失掉理智的作用和自制力,不能约束自己的行动。强烈的激情有时还会引起人体内部机能失调,有损

身体健康。

控制激情的方法有两个：一是要自制。要注意在实践中有意识地磨炼自己的自制力。俄国作家屠格涅夫曾劝告那些失掉自制力的人，在发言之前，把舌头在口内转十个圈。类似之举，能收到消除激情之效。二是转移。转移注意力对抑制激情是很有效的。如你感到快要发火时，不妨立即走开；辩论时你觉得控制不了了，就马上停止争论，顺手拿本书翻翻，或者欣赏墙上的字画等装饰品，这样有利于平息自己冲动的激情。

2.心境与学习

心境是比较持久、微弱平静、扩散弥漫的情绪状态。它最明显的特点是弥漫性，即在一个较长的时间里，能影响到整个人的行为，使它罩上一层厚厚的情感色彩。

作为一名学生，应该保持良好的心境，首先要和老师、同学搞好关系，如果关系不好，就会影响自己的心境。当你学习感到厌烦时，要立刻停止学习，适时的休息不仅有助于从疲劳的状态中恢复过来，而且有利于保持良好的心境。

3.热情与学习

热情是一种特别持久、深厚、浓烈的情绪状态。它具有极大的持续性，乃至终生保持不变；它与人的意志行动具有

第四章 情感的自我激励

十分密切的关系,如一个具有学习热情的人,会自觉地克服学习中遇到的困难,坚持不懈地进行学习。

波果斯洛夫等著的《普通心理学》一书中曾这样写道:"没有伟大的热情,在世界上永远也不会做出什么伟大的事业。""在任何情况下一个人总是被热情的对象所空制、所吸引。正是为认识和发现的热情所控制和吸引,才驱使谢多夫和阿穆德辛去考察未经考察的北极地苔的冰层,才推动米丘林不顾物质上的贫困,解决了育种的问题和挑选出高产量的果树植物,才使布鲁诺遭受宗教裁判的火刑。"

"由此不难看出,一个人的生活道路主要是依赖热情。热情驱使他前进,促使他排除万难。"

学习热情决定着学习态度与学习效果,与之相对的是学习惰性,即疲疲沓沓、冷漠无情、缺乏进取地混日子心理。缺乏学习热情的惰性心理与缺乏理想有关,理想和信念是人的认识与情感的"合金"。一个人失去了理想就没有了生活的支点,就会沉沦颓废。缺乏学习热情的惰性心理还与缺乏坚强的意志有关。有些人在学习中遇到了困难和挫折后,没有不达目的誓不罢休的意志。因此,要培养学习热情,关键是要有远大的理想和切实的奋斗目标,要树立战胜困难的信心。

(二)情操与学习

情操是一种比较高级、复杂的情感,它与人的社会或精神需要相联系,是一种深厚、稳固而坚定的高级社会情感。情操反映了一个人的精神世界,揭示出他的个性。我们平常所说的个性,主要是指培养高尚的情操。

情操和现实生活中的真与假、善与恶、美与丑的现象相联系,因此有相应的理智感、道德感和审美感。这三种情操称为高级社会情感,在人们的学习活动中具有十分重要的意义。

1.理智感和学习

理智感是人在智力活动中,对客观真理的探求,并加以评价所产生的体验。理智感和人的认识活动、求知欲、认识兴趣的满足等有密切的联系。理智感主要包括:对科学研究或学习进程中,出现的复杂而不理解的现象,而产生的求知欲和惊讶感,对已做出的解决方法的正确性表示怀疑的情感。对新的还未被认识的现象,一时不能做出判断的犹豫感、相信结论绝对可靠的确信感,对于做出的发展而欢欣鼓舞的喜悦感等。

心理学学者研究表明,缺乏情感的认识便会失去认识的深入。一个人的思想只有被深厚的情感渗透时,才能得

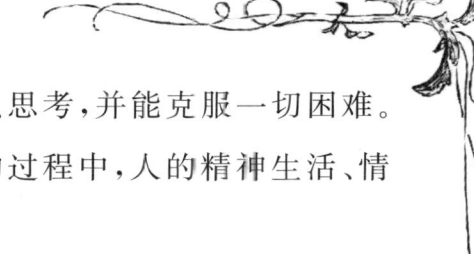

到力量,引起积极的注意、记忆、思考,并能克服一切困难。同时,在认识世界和改造世界的过程中,人的精神生活、情感体验不断地丰富。

2.道德感和学习

道德感是对于人的行为、举止、思想、意图是否符合社会道德行为准则而产生的情绪体验。这些情绪体验是人们把自己的或别人的行为和已转化为自己的道德信念的社会道德行为标准加以比较的结果。儿童在同成人的交往中,在父母、教师的教育帮助下,接受这种需求并身体力行之后,社会客观的道德需要就会转化为个人的内心需要。道德现象与道德需要符合与否,就会激发出这样或那样的道德情感。

道德感是生活中最重要的情感,这类情感主要包括:爱国感,对社会劳动和公共事物的义务感、责任感,对社会集体的集体主义感、荣誉感,对同志的友谊感、同志感以及国际主义情感等。下面我们重点谈一下爱国感和荣誉感对学习的促进作用。

爱国情感是对祖国的热爱和对危害祖国的敌人的憎恨的情操。列宁说:"爱国主义就是千百年来固定下来的对自己的祖国的一种最深厚的情感。这种情感是经过长期的生活实践而凝聚起来的。它萌芽于原始社会,由于人们在一定区域内共同长期生活,产生了对故乡人的热爱和怀念的情感。随着民族、国家的形式,特别是出现了民族之间的共同地域、共同语言和共同心理需求之后,这种情感便逐步凝结为爱国主义的浓厚情感。"有一位原来只有初中学历的青年海员,曾经现身说法谈到自己怎样考上本系统高等院校的:有一次,他在国外一个港口停留,看到一本外国杂志登了许多介绍世界各国经济发展情况和人民生活水平的照片,那里面有美国的摩天大楼,西德的高速公路,日本成群结队的轿车等,而用下面这样三个镜头描绘中国的形象:

一个年老的农民,扶着木犁,跟在老牛后面耕地,说明是:十亿人用这种方式养活自己。

一个人骑着自行车带着别人,在拥挤的公路上奔驰,说明是:中国人以此代步。

一个瘦小虚弱的老妇,盖着打满补丁的棉被,半躺在手推车上,让一个愁容满面的男人推着,说明是:中国病人,如此去求医。

这位一腔热血的中华男儿看到这里,怒不可遏,连心也颤抖了。他拍案而起,决心要改变祖国的面貌。他一面工作一面准备报考高等学校。在复习时困倦了,他就会想起那本外国杂志上的镜头,于是他用冷水浇浇头,继续进行复

第四章　情感的自我激励

习。最后他终于以较高的成绩考上了大学。

由这个例子可见,被高尚的情操所鼓舞的人是敢于克服任何困难而实现自己的理想的。

荣誉感是指人在集体之中意识到自己的地位而产生的自豪与羞愧、安心与内疚的情感。荣誉感的实质是个人与集体、小集体与大集体之间的关系在人的大脑中的一种反映形式。人都有向往集体的心理,一个人受到集体的承认、重视、赞扬就会感到愉悦,而受到集体的排斥、疏忽或批评,就会感到苦闷。所以学生都愿意有个好成绩,得到集体的肯定和尊重,获得集体所给予的荣誉。荣誉感有两个层次:它的低级层次是只关心个人在小集体中的地位,其高级层次则不仅关心个人的荣誉,还关心本集体在更大集体中的地位,并且自觉地把个人的成绩和所在集体联系起来,团结集体成员一同前进。

3.审美感和学习

审美感是对美与丑的现象所激起的心理波动状态。这种情波是与一个人的审美需要相联系的,是在欣赏艺术作品、社会上的某些和谐现象和自然景物时所产生的一种情操。

科学、大自然的本身是具有其内在美的。如左元素周

期律没有被发现以前,人们觉得各种各样的元素是难以捉摸的,一旦发现了元素周期表,把各种各样的元素整整齐齐地排进一张表格以后,人们才惊讶地发现:大自然原来是这样的和谐、对称,这样的富于规律性,这样的巧妙!正是大自然这种内在的美妙,给科学家们带来了美感、快乐和兴趣。正如爱因斯坦所说:"在我们之外有一个巨大的世界,它离开我们的人类而独立存在,它在我们面前就像一个伟大而永恒的谜,然而至少有一部分是我们的观察和思维所能及的。对这个世界的凝视深思,就像得到解放一样吸引着我们。"当年爱因斯坦就是因为看了一本《几何》之后,折服于欧几里得几何学的庄严、精巧,推理的严密性和条理性,这最初对科学的激动,决定了他一生的科学道路。没有对科学作品的激动,没有这种激动而产生的兴趣,光凭前途和责任的压力,是很难成为真正的科学家的。所以说,每位有抱负的中学生在各科的学习中要有意识地培养自己的审美情感。

第四章 情感的自我激励

自我激励——立志

（一）立志,树立远大的志向

每个人都有自己的志向,我国的古人认为,"意志"就是"志气",所谓"养浩然之气",指的就是要有志气。一个人若没有"志"就难有正气和勇气,而只能有邪气、郁气、怨气。人离开了"志",就没有奋斗的目标和动力,便会神情恍惚,魂不守舍,懒惰散漫,浑浑噩噩地度日子。一个人的成功,往往是从"立志"开始的,人们常说"有志者,事竟成",说的就是这个道理。

中小学生们,当感到自己生活乏味,无所事事,什么东西都对自己缺乏吸引力的时候,就应该认真地想一想,我到底有什么志向没有？我这一辈子究竟要干什么？究竟怎样去度过生命的分分秒秒？这个问题解决了,目标确立了,就会觉得生活又有了希望,又有了一只无形的手,在牵动自己的每一根神经,将自己引向一个富有魅力的世界。

立志并不是一件困难的事,难的是能否坚持志向的"一贯制"。一个人步入学校之后,就开始萌发了志向的闪念,就开始勾画朦胧而美好的理想蓝图。然而,并不是每个人都能将理想付诸实施,不少人经不起困难和挫折的磨砺,或半途而废,或浅尝辄止,变成"常立志又常后悔"的人物。

学者们研究表明,只有那些意志坚强、事业心强、能适应各种社会压力的人,才能充分显示自己的才华。一个人的成功,并不在于智力水准,主要的还是在非智力因素上,特别是取决于有无良好的意志品质。所以,中小学生若要争气,就要坚持不懈地朝着既定目标努力,一分汗水一分果实,一分耕耘一分收获,成功的大门,从来都是向生活的强者敞开的。

(二)立志与自觉性的培养

我们可能常常会有这样的体会:当完全自觉地从事某项活动时,便能保持活跃、清醒的头脑,十分理智地控制自己的情绪,好像自己不再是奴隶,而是个主人,自己所从事的活动,也有意想不到的好效果。同学中,凡是学习成绩好的,都是学习上比较自觉的。他们能严格遵守纪律,及时认真地完成作业和学习计划,遇到问题能主动去解决,对自己感兴趣的事情,还能更广泛、更深入地去思考、去动手,从而培养出良好的意志品质和心理素质。

第四章 情感的自我激励

只有人有了自觉性,才能将精力集中在既定目标上,意志力才能真正在头脑中起作用,行为才能产生效果。怎样才能使自己具有自觉性呢?自觉性的舵手就是人的自制力。它是人在意志行动中控制自己情绪的能力,它一方面促使人们努力克服执行决定中产生的怯懦、犹豫、懒惰等;另一方面善于在行动中克制冲动行为,从而更坚定地执行自己的决定。缺乏自制力的人,行为必然带有很大盲目性,情绪也极易受干扰。

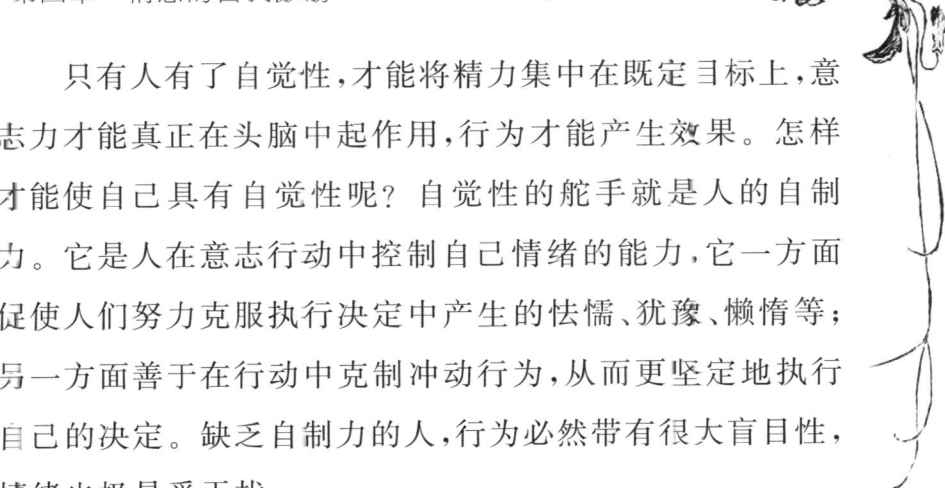

自我激励——意志

(一)树立坚强的意志品质

如果你在生活中的某些方面或在向某个既定目标迈进中遇到困难时,做到了坚忍不拔,不达目的誓不罢休,说明你是个意志顽强的人。顽强的意志,有着无穷的渗透能力,它可以水滴石穿,聚沙成塔,完成艰苦卓绝的事业。意志的顽强性说来也简单,就是一个"恒"字。不论干什么事,只要你有恒心,尽管条件非常恶劣,只要"咬定青山不放松",也能扎下根,生出一片绿荫。

(二)树立强有力的自信心

悲观失望是意志薄弱的一种表现,但人并不是一开始就表现消极的,其第一个信号是缺乏自信心,或是信心不足。对所从事的事情信心不足,会使自己自动放下武器,否定自己,最后失去进取之心,或一蹶不振,或功败垂成。

自信心的培养可以医治学生意志薄弱的环节,因为人几乎在还是孩子时,就有羞怯感和自卑感。这种心态或情绪,会使人的能力大为逊色。自信心是心态调色板上最鲜亮、明快的色调,它可以使人闯出沉闷压抑的灰色自我。比如,一些名列前茅的学生高考落榜,而成绩平平的学生尚能闯入重点,这里就有一个信心足不足的问题。

一个人只有有了自信心,才能相信自己有能力、有力量将事情办好,才能勇气十足地面对现实,才能战胜自己的怯懦与自卑。树立自信心不是讲讲而已,更不是盲目自信,而是需要有一定的底气为基础。除了自我的心态平衡外,还需要有一定的知识水平和能力结构做保证。如果一个人在学习和事业上不努力,还去表现一种自信,那只不过是妄自尊大、华而不实,不仅于事无补,反而会成为人格上的残缺者。

（三）惰性的克服

惰性是一种对学生们十分有害的精神病毒，它的危害不亚于鸦片。当一个人被惰性所支配时，整天没精打采，死气沉沉。或者只说不做，空耗时间；或沉湎于幻想，没有激情、没有冲动、没有竞争意识、没有创作欲望，致使整个生活枯燥乏味。

应该说，惰性是每一个人都有的。学生中滋生的惰性，主要是心理上和精神上的，例如厌倦学习、怕吃苦、不勤奋、不上进等情绪状态，都是一种惰性的表现。懒惰与疲劳的性质也绝不相同，真正的懒惰是心理的而非身体的，起于观念及情感作用，而非起于身体或工作状况。一些学生不能很好地克制自己的惰性，常常用疲劳来掩饰怠惰，这只能使自己越来越厌学，若不加以克服，对自己是非常有害的。

要克服惰性，需从以下三个方面做起。

（1）仔细地检查一下自己是否经常出现心理疲劳，确认后，想一想怎样通过情绪调节来使自己保持充沛的精力，下决心今日事今日毕。

（2）如果你是一个有志气的人，就不要有过多的打算，老是想明天怎么样，而是想怎样把眼前的事做好。你不妨排个日程表，每天都要排几项应该干的事，如果你能每天都

坚持干一两件实事,惰性自然就会同你分手。德国大诗人歌德在教育自己的孩子时说:"你的昨天若是明朗而自然,你今天工作就自由而有力,也能够希望有一个明天,明天就能取得不少成绩。谁若游戏人生,他就一事无成;谁不能主宰自己,永远就是一个奴隶。"

(3)培养和寻找自身的兴趣。苏联著名教育家马卡连柯提出"明日欢乐论":人生若是毫无乐趣可言,那他就不能活在世上,人类生活的真正刺激,就是明日欢迎。教育人们,就是给他们提出未来的道路,循着这条道路来求得他的明日欢乐。爱因斯坦也说:"热爱是最好的老师。"如果你生活中有了兴趣和爱好,你就会热爱它、追求它,这样惰性和暮气就会为之一扫而光。你热爱某门功课,这门功课的长进就能带动其他功课;你热爱某项运动,运动会给你带来活力,促使你心智健康地发展,非智力因素就会转化为智力因素。

(四)正确对待成败

每一个人都渴望成功,害怕、厌恶失败,所以在这种心理的支配下,人们都想赢而怕输。

但人的一生中,失败往往比成功更多。人生最大的考验,莫过于过失败关。能顶住失败的心理压力、舆论压力,

第四章 情感的自我激励

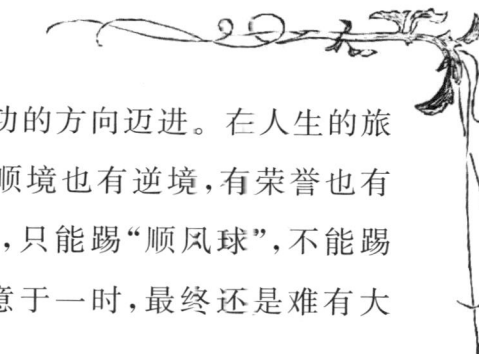

不灰心、不丧气,才能继续朝成功的方向迈进。在人生的旅途中,总是有欢乐也有眼泪,有顺境也有逆境,有荣誉也有痛苦。对于那些只能赢不能输,只能踢"顺风球",不能踢"逆风球"的人来说,尽管能得意于一时,最终还是难有大作为。

在学生当中也是这样,有相当一部分人惧怕失败,经不起失败,内心笼罩着淡淡的忧虑和悲观。这种心态是多种原因造成的,并不是经人指出就能解决的。这里不单单是个人不努力的问题,相反,恰恰是个性太强、期望值过高的结果。过分好强有潜在危险。经常能看到这样的情况:好胜好强的孩子往往在受到老师批评或得了低分、眼看奖状被同学夺走时,情绪一落千丈,因一时的挫折把自己过去的一切成功全盘否定。而且,进入了学生阶段,面临着大量作业负担,要保持好成绩并不容易,再碰到点挫折,就会对自己的能力产生怀疑,从而逐渐失去学习的动力。还有就是家长期望值过高,也会使上进心强的孩子在心理上发生逆转。

要想做到对失败无所谓,确实不是件容易的事,这需要努力来战胜自身性格深处的弱点。具体地说,就是不骄、不妒、不卑、不惰,"不以物喜,不以己悲",不论在何种情况下,都能以饱满的情绪、坚韧的毅力、不懈的努力去战胜困难,去迎接挑战,去寻找新的起点。

自我激励——榜样

(一)榜样的教育

一个人的个人意识倾向随时影响着他的情绪和情感。情绪和情感的倾向性差异是以个人意识倾向为基础的,而人生观和价值观又是意识倾向的核心成分。因此,具有不同人生观和价值观的人,就具有不同的情绪和情感体验。无产阶级的群众观点、集体主义观点、劳动观点、辩证唯物主义观点以及共产主义的理想与信念,是构成无产阶级人生观和价值观的核心内容。只有树立无产阶级的人生观和价值观,才能有高尚的情操、深厚的阶级情谊、爱憎分明的感情、健康的审美情感,以及对学习、工作和科学的满腔热忱和革命乐观主义精神。

学生时期是世界观萌芽并日渐形成的时期,形成有关的情感体验,在中小学生的精神生活中逐渐占有显著地位,并形成了一种高尚情操。例如,教师给学生讲述英雄的事迹,它们是以感性的、直观的形象映入学生们脑际的,而这些形象一旦形成,一个完美的英雄典型便存在于人的思想之中,成为他向往的理想人格,追求的楷模。这种高尚的情

第四章 情感的自我激励

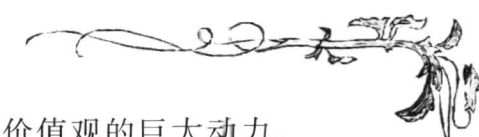

操是一个人形成正确的人生观和价值观的巨大动力。

(二)树立榜样——激发自尊

榜样的力量是巨大的。学生心理发育还不成熟,具有认识的好奇性及形象性。

中小学生们接受新生事物快,也特别善于模仿。一些具体真切的人和事,常会在他们幼小的心灵深处留下难以磨灭的印象,从而形成一种自尊自爱、自我激励的动力。

班级中,要经常组织学生讲英雄故事、读名人传记,鼓励学生学英雄,见行动,学名人,检查自己。学生羡慕那些英雄模范人物,钦佩他们的胆识和才学,便常自觉不自觉地照他们那样去做,去要求自己,将他们的言行作为自己行动准则的楷模,进而激发其自尊心。如古人"头悬梁,锥刺股"的学习精神,激发了学生勤奋刻苦的毅力;周恩来"面壁十年图破壁,难酬蹈海亦英雄"的壮志,激发了学生奋发向上的豪情;张海迪身残志坚、奋力拼搏的顽强斗志,更是引发了学生立志成才、不甘庸碌的决心。

而根据学生的好胜心,选择身边的典型事例,使之目标贴近、榜样具体,更能激发学生自尊向上。如拿班内学习成绩好、学习热情高、某方面有特长的同学作为样板,组织学生讨论,号召向样板学习,这样学生从中认识到自己的长处,就会产生一种"我也行"的向上热情。

这样坚持不懈,阵阵春风春雨,就会催发学生自尊心的嫩芽,逐渐使学生从学习模仿过渡到自觉需要的精神状态,产生一种执着的动力,从而达到教育的目的。

温馨提示

自我激励十九法

1. 远离舒适区

不断寻求挑战激励自己,以提防自己不要躺倒在舒适区。舒适区只是避风港,不是安乐窝。它只是你心中准备迎接下次挑战之前刻意放松自己和恢复元气的地方。

2. 把握好情绪

人开心的时候,体内就会发生奇妙的变化,从而获得阵阵新的动力和力量。

但是,不要总想在自身之外寻开心。令你开心的事不在别处,就在你身上。因此,找出自身的情绪高涨期用来不断激励自己。

3. 调高目标

许多人惊奇地发现,他们之所以达不到自己孜孜以求

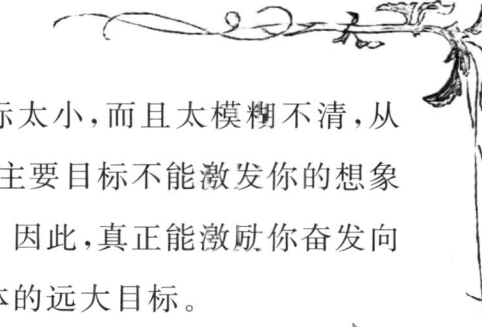

的目标,是因为他们的主要目标太小,而且太模糊不清,从而使自己失去动力。如果你的主要目标不能激发你的想象力,目标的实现就会遥遥无期。因此,真正能激励你奋发向上的是,确立一个既宏伟又具体的远大目标。

4. 加强紧迫感

20世纪作家阿耐斯曾写道:"沉溺生活的人没有死的恐惧。"自以为长命百岁无益于你享受人生。然而,大多数人对此视而不见,假装自己的生命会绵延无绝。唯有心血来潮的那天,我们才会筹划大事业,将我们的目标和梦想寄托在丹尼斯称之为"虚幻岛"的汪洋大海之中。其实,直面死亡未必要等到生命耗尽时的临终一刻。事实上,如果能逼真地想象我们的弥留之际,会物极必反产生一种再生的感觉。这是塑造自我的第一步。

5. 撇开朋友

对于那些不支持你目标的"朋友",要敬而远之。你所交往的人会改变你的生活。与愤世嫉俗的人为伍,他们就会拉你沉沦。结交那些希望你快乐和成功的人,你就会在追求快乐和成功的路上迈出最重要的一步。对生活的热情具有感染力,因此同乐观的人为伴能让我们看到更多的人生希望。

6. 迎接恐惧

世上最秘而不宣的秘密是,战胜恐惧后迎来的是某种安全有益的东西。哪怕克服的是小小的恐惧,也会增强你对创造自己生活能力的信心。如果一味地想避开恐惧,它们会像疯狗一样对我们穷追不舍。此时,最可怕的莫过于双眼一闭假装它们不存在。

7. 做好调整计划

实现目标的道路绝不是坦途。它总是呈现出一条波浪线,有起也有落。但你可以安排自己的休整点。事先看看你的时间表,列出你放松、调整、恢复元气的时间。即使你现在感觉不错,也要做好调整计划,这才是明智之举。在自己的事业巅峰时,要给自己安排休整点。安排出一大段时间让自己隐退一下,即使是离开自己热爱的工作也要如此。只有这样,在你重新投入工作时才能更富激情。

8. 直面困难

每一个解决方案都是针对一个问题的,二者缺一不可。困难对于脑力运动者来说,不过是一场场艰辛的比赛。真正的运动者总是盼望比赛。如果把困难看作对自己的诅咒,就很难在生活中找到动力。如果学会了把握困难带来的机遇,你自然会动力陡生。

9. 首先要感觉好

多数人认为,一旦达到某个目标,人们就会感到身心舒畅,但问题是你可能永远达不到目标。把快乐建立在还不曾拥有的事情上,无异于剥夺自己创造快乐的权利。记住,快乐是天赋权利。首先就要有良好的感觉,让它使自己在塑造自我的整个旅途中充满快乐,而不要等到成功的最后一刻才去感受属于自己的欢乐。

10. 加强排练

先"排演"一场比你要面对的还要复杂的战斗。如果手上有棘手活而自己又犹豫不决,不妨挑一件更难的事先做。生活挑战你的事情,你可以用来挑战自己。这样,你就可以自己开辟一条成功之路。成功的真谛是:对自己越苛刻,生活对你越宽容;对自己越宽容,生活对你越苛刻。

11. 立足现在

锻炼自己即刻行动的能力,充分利用对现时的认知力,不要沉浸在过去,也不要耽溺于未来,要着眼于今天。当然要有梦想、筹划和制定创造目标的时间。不过,这一切就绪后,一定要学会脚踏实地、注重眼前的行动,要把整个生命凝聚在此时此刻。

12.敢于竞争

竞争给了我们宝贵的经验,无论你多么出色,总会人外有人,所以你需要学会谦虚。努力胜过别人,能使自己更深地认识自己;努力胜过别人,便在生活中加入了竞争"游戏"。不管在哪里,都要参与竞争,而且总要满怀快乐的心情。要明白最终超越别人远没有超越自己更重要。

13.内省

大多数人通过别人对自己的印象和看法来看自己。喜欢别人给予自己正面反馈。但是,仅凭别人的一面之词,把自己的个人形象建立在别人身上,就会面临严重束缚自己的危险。因此,只把这些溢美之词当作自己生活中的点缀。人生的棋局该由自己来摆,不要从别人身上找寻自己,应该经常自省并塑造自我。

14.走向危机

危机能激发我们竭尽全力。无视这种现象,我们往往会愚蠢地创造一种追求舒适的生活,努力设计各种越来越轻松的生活方式,使自己生活得风平浪静。当然,我们不必坐等危机或悲剧的到来,从内心挑战自我是我们生命力量的源泉。圣女贞德说过:"所有战斗的胜负首先在自我的心里见分晓。"

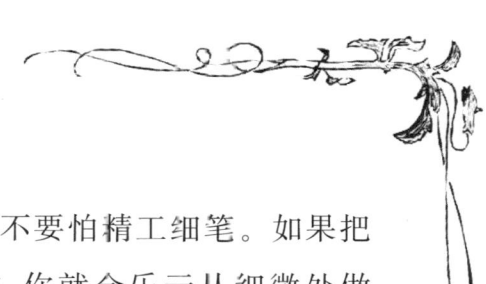

15. 精工细笔

创造自我,如绘巨幅画一样,不要怕精工细笔。如果把自己当作一幅正在描绘中的杰作,你就会乐于从细微处做改变。一件小事做得与众不同,也会令你兴奋不已。总之,无论你有多么小的变化,点点都对你很重要。

16. 敢于犯错

有时候我们不做一件事,是因为我们没有把握做好。我们感到自己"状态不佳"或精力不足时,往往会把必须做的事放在一边,或静等灵感降临。你可不要这样,如果有些事你知道需要做却又提不起劲,尽管去做,不要怕犯错。给自己一点自嘲式幽默,抱一种打趣的心情来对待自己做不好的事情,一旦做起来了尽管乐在其中,不要担心结果如何。

17. 不要害怕拒绝

不要消极接受别人的拒绝,而要积极面对。你的要求落空时,把这种拒绝当作一个问题:"自己能不能更多一点创意呢?"不要听见"不"字就打退堂鼓,应该让这种拒绝激励你更大的创造力。

18. 尽量放松

接受挑战后,要尽量放松。在脑电波开始平和你的中枢神经系统时,你可感受到自己的内在动力在不断增加,你很快会知道自己有何收获。自己能做的事,不必祈求上天赐予你勇气,放松可以产生迎接挑战的勇气。

19.一生的缩影

塑造自我的重要之处是甘做小事,但必须即刻就做。塑造自我不能一蹴而就,而是一个循序渐进的过程。这儿做一点,那儿改一下,将使你的一天(也就是你的一生)有滋有味。今天是你整个生命的一个小原子,是你一生的缩影。

相关链接

激励学生的技巧

(一)激励学生要注意细节

在教学工作中,许多教师经常用名人名言来激励学生克服困难,勤奋学习。如"书山有路勤为径,学海无涯苦作舟"、"千里之行,始于足下"等。这些话语无不充满丰富的哲理,催人奋进。但被激励者由于思想和知识基础不同,可能觉得内容空洞而很难接受。笔者认为,对学生的激励应大处着眼,小处着手,让激励在具体和细微中升华。

第四章　情感的自我激励

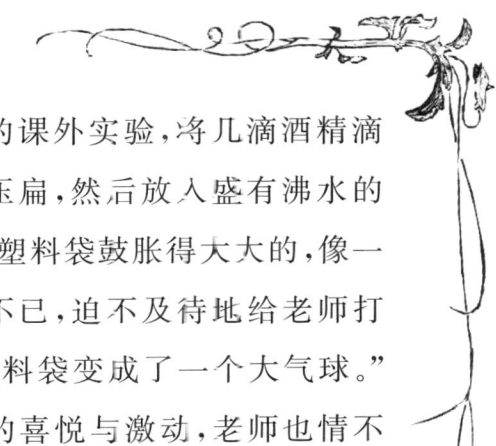

学生在家里做了一个液化的课外实验,将几滴酒精滴入一只薄塑料袋里,把口扎好,压扁,然后放入盛有沸水的电饭锅中。奇特的现象出现了:塑料袋鼓胀得大大的,像一个大气球似的。此时学生高兴不已,迫不及待地给老师打来电话:"老师,实验成功了！塑料袋变成了一个大气球。"从语音语调中老师感受到了她的喜悦与激动,老师也情不自禁地回答说:"你已经体验到了成功的快乐,好像阿基米德发明了辨别皇冠真假的方法一样,老师祝贺你！"此时此刻,一个小小的实验让师生分享着无尽的快乐。

在学习"光的折射"这一课内容时,教师引导学生按《物理课程标准》的要求,定性地探讨了光的折射规律:即入射角变大时,折射角也跟着变大。绝大多数同学理解并牢固掌握了这一知识。然而,有同学提出一个问题:入射角变大时,折射角究竟按什么规律变大呢？这位同学的提问不是随便能提出来的"小问题",而是学生深思熟虑才能提出的有一定高度的问题,他不满足定性的了解,而追求定量的答案。老师面带微笑地答道:"虽然因现有的知识水平我无法直接告诉你答案,但我可以告诉你,通过你的努力一定能找到答案,因为你具备科学家勇于探究的科学精神！"简短的话语,让学生在高中教材上找到了答案,激励得到了升华。

在课间的师生对话中,教师总是低下头,弯下腰,拍着学生的肩膀与学生交心谈心。学生在课堂上正确回答出老师的提问时,老师总是毫不犹豫地跷起大拇指或做着鼓掌的动作。每一次眼神的接触,每一次身体的靠近,每一次微笑,每一个细微的手势,学生都能从中寻找到信心和胆量。这里虽没有豪言壮语,但朴素而简短的激励,却在具体和细微中得到升华,且在很大程度上改变着学生。

(二)激励需要教师对学生的尊重和赞扬

新课程改革过程中,教育理念也日益有所发展,新的教学理念告诉我们,一个教师想要教好课,那么必须尊重他的学生,尊重学生的兴趣爱好、个性特征、个人意愿等。在教育学生的同时要突出以人为本的思想,切忌把学生批评得体无完肤。笔者认为激励是靠尊重和赞赏来完成的。

有这样一名高中生学习态度不踏实,但学习成绩不算差。分析其原因,他的接受能力特别强,因此,上课集中注意力听讲的时间不多,有时还不完成作业。对这样的学生,笔者不是采取歧视的态度,而是在尊重其个性特征和个人意愿的基础上予以赞赏。在一次测验试卷上我这样写道:"你竟然能在不完成作业的情况下得 79 分,实在是聪明过人!我相信,你会找到适合你自己的学习方法,你会走出低

第四章　情感的自我激励

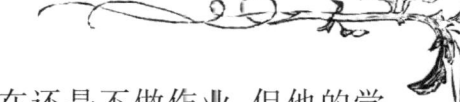

谷,走向成功!"这位同学虽然现在还是不做作业,但他的学习成绩却有所提高,令老师和同学折服。

在世界杯期间,有些同学的学习成绩不断下降,教师不经意地发现这些学生的抽屉里放着不少晨报、晚报、体育报,原来他们是深深地被"世界杯足球赛"给吸引了。于是教师与其中一名同学简短交流,得知他对哪些球队已打包回家,哪个球星玩了"帽子戏法",哪支球队被哪个国家的裁判亮了两次红牌,哪支球队靠"金球"进入四强等,这些情况烂熟于心、出口成章,而且回家后他更是泡在电视里。针对这一情况,教师先肯定了这些同学的兴趣爱好,且让这名同学为全班同学们介绍了世界杯足球赛的近况。然后帮助他们分析,如何摆正学习和看球赛的关系,并激励他们:"到2008年北京奥运会时,你们应是北京某高校大二的学生了,那个时候别忘了帮老师买张足球赛的门票哟!"从此,这些同学又找到了过去学习的良好感觉。

学校里不应该有打骂、恐吓,应该有的只是尊重和赞赏。正如爱因斯坦所说的:"我认为学校凭借恐吓、压力和权威来管理学生是一件最坏的事,他破坏了学生深挚的感情和真诚、自信,他养成学生驯服的性格。"激励正是靠尊重和赞赏来完成的。

（三）教师应该学会运用幽默、智慧的激励方式

机智、幽默的激励方式，让学生心存感激，并充满信心。正如苏联教育家乌申斯基所说的："不论教育者怎样地研究了教育理论，如果他没有教育机制，他就不可能成为一个优秀的教育实践者。"

学完"简单机械"一章后，让一名成绩还可以的学生到黑板上画滑轮组的绕线。这名同学出乎意料地画出了"写意画"。同学们看了啼笑皆非，教师压抑着自己的感情并没有批评这位同学，反而转换角度机智且幽默地念道："现在公布少儿漫画创作一等奖的名单！"全班同学哄堂大笑，他自己也笑了。因为他心中有数，这幅"漫画作品"完全是自己的创意和想象，上课他根本没认真听讲。然后，教师引导全班同学对这幅"漫画作品"进行了剖析，让更多的同学从中吸取教训，从而掌握滑轮组绳子的绕法。

一位名叫王虎的同学到黑板上演算一道计算题，不小心把小数点的位置弄错，导致结果错误。另一位同学给他评判时打了零分。从表情中可以看得出王虎同学满腹牢骚，心想，辛辛苦苦把这道题解出来，一个小错误都不能得到原谅。老师见此情景，立即加以激励：除了小数点的错误外，其他的过程完全正确，且思路很独特，值得肯定。这位

第四章　情感的自我激励

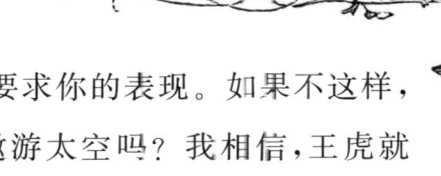

同学给你打了零分,那是严格要求你的表现。如果不这样,神舟五号载人飞船能成功地遨游太空吗?我相信,王虎就是王虎,绝不会成为"马虎"。此时王虎同学豁然开朗。

对学生进行激励应把握时机。一次习题评讲课上,教师误把一道选择题的答案弄错了。当时有位学生发现老师解答有误,马上举手提出自己的见解,对老师的错误进行了驳斥,当时老师略显尴尬。但老师马上稳定情绪,风趣而幽默地说:"真理往往掌握在同学手中。"接着又对全班同学说:"他的举动是对教师教学的一种批评,是对知识的渴求,更是对真理的探究。"教师借此良机还用物理故事对这位学生的做法进行了肯定,其他学生也受到激励:"最初的原子结构模型是由汤姆生提出来的,后来,他的学生卢瑟福通过大量的实验证明了这种模型不符合实际,否定了自己老师的假说,提出了新的原子结构模型。我虽然不是现代的汤姆生,但这位学生却是现代的卢瑟福。在学习中不要迷信教师、教材等权威。要相信科学,要勇于提出自己的见解,只有这样,才能培养自己的创新精神和实践能力。"

自身的失误,可以看作塞翁失马,不仅让课堂更幽默、更风趣,而且大大缩短了教师与学生的距离,也使学生的学习积极性得以高涨。显然,激励正是用机智和幽默来凸显的。

学会培养你的情商

教学中,充分利用"激励"这一策略,开发和利用课程资源教书育人,能更好地体现其"小技大用"。

格言小语

没有教养、没有学识、没有实践的人的心灵好比一块田地,这块田地即使天生肥沃,但倘若不经耕耘和播种,也是结不出果实来的。

——格里美尔斯·豪森

第五章

认知他人情绪
REN ZHI TA REN QING XU

第五章　认知他人情绪

学会考虑别人的感受

现在学生们，大多来自独生子女家庭，有些孩子永远只关心自己的事。在学校、团体中，他们伤心、受挫、愤怒时，不管别人正高兴、有说有笑，我行我素，让大家都弄不懂"这个人在气什么？哭什么"？还有一种孩子，永远以自己的标准来要求同学，如果别人做得不够好，他们就会出言攻击，不能体恤别人心有余而力不足。

类似种种孩子低情商的言行，在家中也经常可见。例如有些孩子经常挨揍，却不知道为什么会惹恼父母。更多的情况是，"大小孩"经常挑衅"小小孩"，惹得小的出手反击，结果父母出面把两个都责罚一顿。

以上述例子来说，当孩子不断抱怨他人、批评别人时，可以提醒他"别人已经努力了"，他的意见大家也听到了，但是光指责无济于事，所以最好多想想以后大家可以如何互相帮助、多改进。

对于不知道父母为什么生气的孩子,父母不妨在事后陪孩子谈谈:"你知道妈妈当时在生气吗?""你如何知道妈妈开始生气了?""妈妈生气会怎么样?"孩子就会去思考:妈妈不说话,或是变得很唠叨时,就是准备发飙、打人了。

假如孩子发现到这生气三部曲的模式后,此后他就会改变互动模式,一看苗头不对,就会说:"我先回房间看书了。"等妈妈火气消了再出来。同理,孩子在团体中遇到类似的事情时,也会懂得危机,保护自身安全。

以前父母总认为,一个会察言观色的孩子,未免太滑头了,但对现在的孩子来说,察言观色却是非常必要的一种能力。在过去,孩子看大人脸色,是为了迎合父母,不惜压抑自己的情绪和喜好,但如今的孩子,察言观色的目的,则是为了"如何做,对我最有利"。唯有如此,孩子才不会任性而为,不考虑别人的感受。

如何知人

心理学家罗伯特·罗森塔尔发明并逐步完善了一套用来衡量一个人接受情绪暗示,亦即辨别他人情绪特征能力大小的测试题。许多心理学家都认为,大约90%的人际间情绪交流是非语言性的(nonverbal)。人们常常使用种种

第五章 认知他人情绪

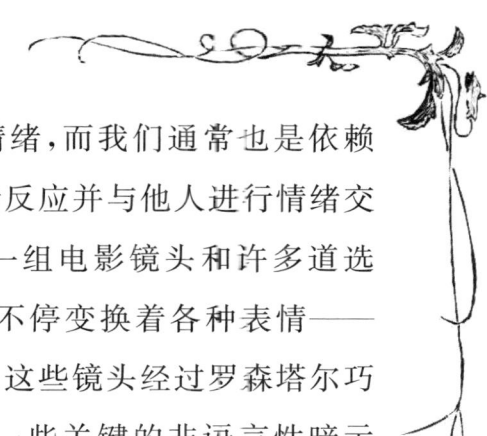

具有意味的身体语言表达自身情绪,而我们通常也是依赖身体细微变化来判定别人的情绪反应并与他人进行情绪交流的。罗森塔尔 PONS 测试由一组电影镜头和许多道选择题组成,电影中一个青年女子不停变换着各种表情——忿怒、厌恶、嫉妒、感激、诱惑等。这些镜头经过罗森塔尔巧妙剪辑并被重新编排组合,其中一些关键的非语言性暗示动作还被有意遮挡以增加选择难度。例如,有时被测者只能看到荧幕上这个年轻美貌女子的脸而看不到其身体,有时看不到其眼睛,因为眼部被一小条黑块有意遮住了,或看不到她正在挥舞的手臂等。于是被测对象便只能通过其他更细微复杂的一小部分暗示性动作来判断连续画面中弄姿作态的少女,在当时所着意表现的真实情绪。研究者们发现绝大多数在 PONS 中获得高分的成年被测对象,在实现工作和人际关系中往往表现出更出色、更成功的特点;取得 PONS 高分的少年在学校中也更受欢迎,更加活跃,受到老师和家长更多的好评,尽管他们的智商很一般。PONS 所试图反映的实际上就是我们日常所说的"眼色"或"眼力",即一个人在人际关系中所体现的"移情"能力。"移情"就是"知人之智",是情绪觉悟力的一方面构成,是情商基本因素之一。与"自知之明"相比,"移情"主要在帮助一个人发展更为广阔的人际社会关系时起至关重要的作用。PONS 只

是EQ初级发展阶段中的一个重要部分,因为它仅能反映或衡量部分人类初级移情能力,但PONS却为"知人之智"提供了一个划时代的创造性测量方式。

 **重点透视**

对他人的认知——血型

我们的身体里流动着各种液体:眼泪、血液、胆液、脑液等,这些体液约占我们体重的70%。自从第一个有机体从孕育生命的海洋中摸索着爬上陌生的陆地,便已经开始在自己的体内制造了另一个海洋。我们体内的液体犹如自然界的溪流和潮汐,流入、流过又流出。那滚动、润滑、温暖的体液,那携带着滋养我们的各种分子的流质,正是我们生命的依托,心理的基本保证。

当我们旁观一个人的内心世界时,你能忽略这个体内浩瀚滚动着的海洋吗?利用血型对人的性格、行为进行观察与分析已成为当今的热门问题。血型对各国、各民族的性格特征有着一种巨大的潜在作用。甚至可以说,血液这一人体海洋的主流是左右人类历史和世界风云的巨大动因。

第五章　认知他人情绪

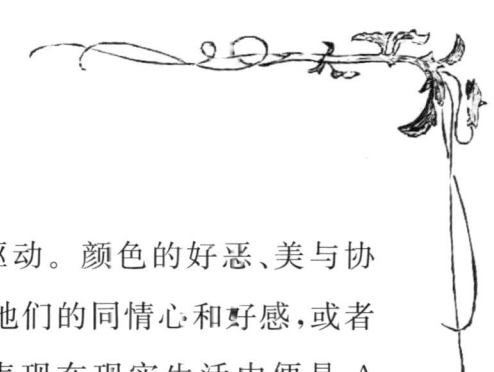

（一）A 型血

A 型血的人很容易受感情驱动。颜色的好恶、美与协调、友人的招呼及好意都能唤起他们的同情心和好感，或者引起他们的仇视和嫉妒。这些表现在现实生活中便是 A 型血的人具有积极意义的英雄崇拜倾向，富于牺牲性质的行为。他们超越利益计算，感情用事，为集体的幸福而贡献自己的一切。

A 型血的人在感情深处没有理性的一贯性和意志的韧性。由于胆小，易感情用事，缺乏决断能力，内向和自卑，因而常常自我萎缩，同时表现为非常羞怯，从而变得孤独不善于社交。

对于他人对自己的评价耿耿于怀，反复琢磨，这是 A 型血人爱虚荣的表现。

由于 A 型血的人对自己缺乏自信，因而很害怕别人知道自己的真实情况。这样，习惯于隐秘行为的 A 型血人，易认为他人的言谈举止中含有某种隐匿的意思，于是往往倾向于将事情做坏的解释，因而又发展为不易相信他人，对自己不相信，由此派生出对他人的不信任，这是其性格的特征。

A 型血的人对于新鲜事物无一例外地会表现出兴趣

与关心,而由于他们能直观地在一瞬间把握和理解某一观点和事态,接近其本质,因此,他们对社会上的变化和新潮流非常敏感,能走在时代的前沿。

尽管 A 型血的人感情深处没有理性的一贯性和意志的韧性人的直觉敏锐,有顺从性,但带有保守倾向。这种保守性根源于他们的气质具有的消极性和慎重品质。

A 型血人会把内心的情感压抑起来。但总有一天他会来个总爆发,这时候,用通常的手段是难于制止他的。

虽然 A 型血的人在感情深处没有理性的一贯性和意志的韧性,他们对世态和习俗能够顺应,但又不愿妥协,经常内省,保护着自己的情感世界,一旦生活在与己不相容的环境里,很多人便背上沉重的心理包袱,并逐渐丧失独立行动的自信心,变得精神衰弱,唯唯诺诺。或者,他们会走向另一个极端,即表现为孤傲不可接近。

(二)B 型血

B 型血的人对于周围微小的变化也能敏锐地捕捉到,能够迅速地对环境的影响做出反应。他们生性好动,活泼,说话干脆,办事利落,心境恬淡,乐观向上,社交能力强,对人热情,而且极喜欢凑热闹。但是,他们又极易见异思迁,对事情缺乏持久的热情。他们有敢作敢为的胆量,但又缺

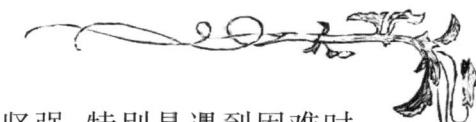

乏慎重的态度。他们意志也不够坚强,特别是遇到困难时,便会发生动摇。好发议论,喜管闲事,行为做作,喜欢夸大事实也是他们的特点。

由于B型血人具有这样的气质,因而在日常生活中易被误解,难于被人理解和接受。所以,他们便养成了孤独的情感,这又易于他们发展出自卑心理。尽管他们心中总受孤独的煎熬,但在内心强烈的自我肯定意识支撑下对别人的评论则泰然处之,毫不在乎。因而,他们充满自信,敢于承担责任。

B型血人判断事情果断,是出于自我肯定的需要,他们说话时又多少带点夸张色彩。由于这一原因,他们说话办事都非常主观,而自己对此很少觉悟。

近乎动物性的本能生命力,是B型血的人自我肯定精神的支撑力。这种生命力表现为对社会环境的抵触心态,所以,他们会不受社会的影响而自己走自己的路,而且能够以旁观者的立场出现在各种场合。

B型血人社交能力强,对人热情,知天乐命。他们不喜欢反省,言行带有突发性,易冲动,听任感觉支配,凭直观和印象决定好恶,判断优劣,因而会给人以无知的感觉。他们虽然不喜欢做白日梦,但是兴趣多变,做事情没有持久性,可是一旦他们做起事情来则行动迅速,表现为爽快、积极、迅速

适应环境,待人豁达,举止稳健,且善于出谋划策,发号施令。

他们本质上是封闭性的,喜欢做旁观者、圈外人。上述的那些举止对他们来说都是基于克服孤独感的目的,因而他们乐于向疏远自己的人发起挑战。

由于B型血的人有着敏锐的本能,所以他们能够迅速巧妙地摆脱混乱状态,为自己找到一片宁静的港湾。

不要忘了,他们是完全按感觉办事的人,他们可以就一个事物对一部分人说是"黑",而又可以对另一部分人说是"白"。但应该清楚的是,他们仍是富有智慧的一种人。

(三)AB型血

AB型血的人最显著的特征是兼有A型、B型血两种人的气质。

AB型血的人行动果断,机灵,积极主动,这丝毫不比B型血人差。他们极善于观察周围,对人体贴入微,这又与B型血人同出一辙。但是,他们的思维方式却完全是A型血人的特点。他们遇事谨慎,既有客观的判断力,又易激动,有着一颗富于同情的心,同时又具有牺牲精神,而且在自我反省这点上与A型血的人也很相像。他们感觉敏锐,有顺从性,随和而彬彬有礼。

由于他们兼具有A、B血型人的气质,因此在气质上他

第五章 认知他人情绪

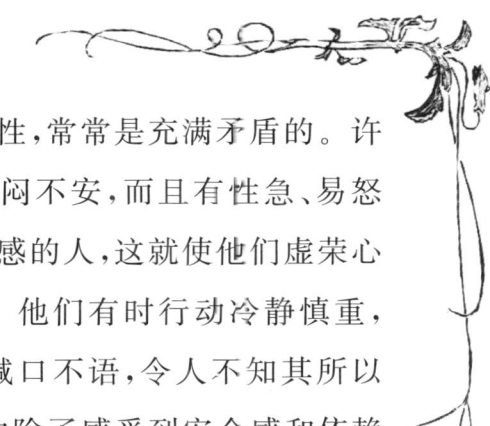

们便显得前后不统一,缺乏连贯性,常常是充满矛盾的。许多人因此而情绪不稳定,内心烦闷不安,而且有性急、易怒倾向。但是,他们却是极具优越感的人,这就使他们虚荣心很强,过高评价自己,显得自负。他们有时行动冷静慎重,有决断力,但有时又面无表情,缄口不语,令人不知其所以然。周围人从他们稳重的动作中除了感受到安全感和依赖感之外,也会逐渐产生不安感。

尽管AB型血的人慎重,但绝非消极保守。他们行为独特,显示出超时代的想法,但每个行动都会经过一番合理的筹划。在采取行动之时,不惜花费时间精力去做多方面的考虑,权衡利弊。在感情的背后,客观的思考和合理的精神在起着支配作用,能够冷静地判断事物。他们虽然也受感情影响,也具有牺牲精神,但很少有忽冷忽热的倾向。

AB型血的人不会拘泥于形式和规则,对别人的评价并不在乎。他们在工作开展之前进行细微周全的考虑和准备,不匆忙行事,便是为了摆脱过去的规则和习惯的制约。

AB型血的人在做事情时,只有到了万不得已时才会放弃自己的主张做出让步。

AB型血的人遇到挫折和失败时也很不愿意承认自己的过失,因此不易得到周围人的真诚信赖。而事实上,AB型血的人自身也丝毫不希望获得身旁人的绝对信赖。他们

身上蕴藏着似乎让人难以理解的复杂气质。

(四) O 型血

O 型血的人具有自信心强,厌恶反省自己的性格。他们意志坚强,不为他人左右,能够用理智控制自己的情感,一经下定决心,绝不后悔,工作起来精力旺盛,干净利落。

但是,他们又不轻易修正自己的判断,性情倔强不能正确评价他人,易固执己见。由于过于自信造成缺乏谦让的态度,因而不善于与周围人融洽相处。他们以理智为主,少受感情支配,其结果必然是对人对物态度冷静,易变得冷漠,陷入个人主义。

O 型血的人性情倔强,意志坚定,勤奋努力,支配欲强。这也可以说是一种虚张声势的做法,因为他们不得不去克服隐藏于自身的自卑意识,长期虚张声势固然能摆脱自卑意识,但这也会给他们带来沉重的负担。一些在心理上承受这种压力的 O 型血的人则在生活中只能扮演快活的小丑角色,这是他们不善处理人际关系而付出的代价。

O 型血的人处事冷静,注重理性,讲究条理。他们在考虑某件事时首先注重的是客观常识,立足于客观的逻辑推理和科学真实的思考得出结论,然后超越常识做法。有人往往据此认为他们具有保守性质。他们不是凭直觉去把

第五章　认知他人情绪

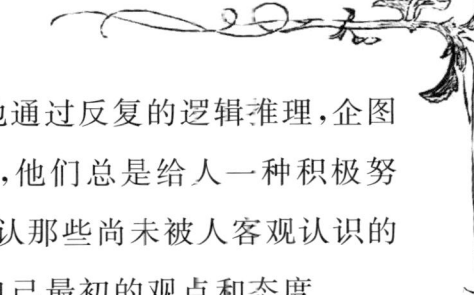

握某种事象和观念,而是努力地通过反复的逻辑推理,企图理性地加以把握和理解。因而,他们总是给人一种积极努力的印象。他们往往不轻易承认那些尚未被人客观认识的观点的真实性,而固执地坚持自己最初的观点和态度。

富有独创性又是O型血人的一大特点。他们具有卓越的模仿力,能按自己的需要向别人学习,并加以吸收消化,从而创造出独自的新东西来。

虽说O型血性格的人自我抑制力特别强,不轻易流露感情,但是一旦感情爆发,则一发不可收拾,暴风雨般的猛烈。

别忘了,O型血的人感官异常敏锐,尤其是对色彩特别敏感。

对他人的认知——体态行为

一般情况下,每个人都有较固定的体态姿势,这些日积月累,在有固定程序的生活环境中形成的举止行为,能够反映出一个人的个性特点,表达出复杂的心理活动。例如,有耷拉着肩膀习惯的人表示内心受到压抑,弯曲的肩膀则反映着沉重的精神负担。又如,脖子伸得长的人可能有傲气;走路有不断回头习惯的人可能是安全感不足;喜欢不断用手指敲击桌子的人显示出他缺乏耐力。

人们的这些举止神态,都是窥视其个性的窗户。

(一)走路

人走路的姿势与年龄、性格、习惯、心境有着密切的关系。人生犹如一条长长的路,你的状况、心态和性格便是串在这条长路上的脚印。走路的姿势、脚步的轻重快慢都直接或间接地展示出"行路者"的气质、性格和个性。

走路总是急匆匆的,这是典型的"A型血人性格"。任何事情都不甘落后,对在狭窄的胡同里跟在别人后面穿行总感到急不可待,总想找个空子超过对方。走路急匆匆的女性,则多是做事干练、办事爽气的人。

走路慢慢悠悠的人生活上无忧无虑,走一步拖半步,让人看起来不像是在走路而像是在拖沓移步。在学习、工作上也如此无所追求、犹犹豫豫,甚至在生活上对他人的依赖性更大。

步伐踉跄没有规律,跌跌撞撞往前赶的人,粗心大意、憨厚马虎,思想单纯不善思维,头脑不冷静。

走路时轻手轻脚很怕惊动别人的人为人谨慎殷勤,做事细心稳重,但往往又不敢开拓进取。他们在生活上有条不紊,精细小心,若在学校则肯定是个守纪律的好学生。

在走路的时候习惯左顾右盼的人会在路上迟疑顾盼，甚至时时回头张望。其性格疑虑甚重，胆小怕事，主意不定，生性孤僻、敏感。在学习、工作上计划性较差，且又好埋怨责备别人，亦善嫉妒。

走路时眼睛总是盯地面的这种人是懦弱、胆小、羞涩的人，不善于与人来往，害怕危险、挫折和困难，处处谨慎小心，畏畏缩缩。尽管他从不谋算别人，却时常担心害怕别人谋算自己。如果步履碎小且神色呆滞，则有可能是个抑郁症患者。

昂首挺胸走直线的人走路时双目平直、目不斜视，步履幅度大，上身很少摇动，行走路线笔直。这是一种自信、理智的人的走路姿势。他们敢于进取、志向远大、充满信心。

走路时习惯肩部摇荡，这一类型的人性格开放，不拘小节，缺乏自我约束力，但也不在乎别人的评论与意见，身上具有反传统的个性。唯一不足的是对事业和生活的态度不严谨，缺乏对人对事的激情。

（二）坐立

1.习惯端坐

总是正襟危坐、目不斜视者，是个力求完美，喜欢周密，讲究实际的人。他只做有把握的事，从不冒失行事。虽然很务实,但他往往缺乏创新与灵活的精神。

2.习惯侧坐

这种姿势表明他心里感觉舒畅,觉得没必要给他人留下什么更好的印象。他的言笑都会很自然地呈现在众人面前,不拘小节,情感外露也是他的特点。

3.习惯缩坐

习惯把身体蜷缩成一堆,双手夹在大腿中间的人往往是自卑感很重的人。他谦逊但缺乏自信,倒不失为服从型的人才。

4.习惯叉腿而坐

这一类型的人喜欢占据最大的空间,表明他有主管一切的偏好,具备指挥者的资质。不过,也可能是个外向性格或支配性格的人。

5.习惯双手放膝而坐

这一类型的人有着较好的耐性,能够静下心来听别人说话,而且心中不常装有沉重的负担感。

6.习惯前倾站立

这一类型的人有极强烈的愿望与对方交谈,希望对方不要走。

而事实上,尽管身有急事的人也不忍拒绝他这一姿势代表的心情。

7.习惯靠墙站立

具有这种习惯的人有时是个失意的人,通常比较坦白,而且是个易变的人,能轻松地接纳别人。

8.习惯不断改变姿势

这种人脾气急躁,身心常处于紧张状态,而且不断地改变个人的思想观念。在生活方面,喜欢接受新的挑战,是个典型的行动主义者。

9.习惯双脚合并,手置身体两侧站立

这种人性格诚实可靠,循规蹈矩,且生性坚毅,不轻易向任何困难屈服低头。

10.习惯背手站立

这多半是个自信心很强的人,喜欢把握局势,控制一切,而又极富责任感,往往令人感觉莫测高深。如果他用了这种姿态站在你面前,说明他已经在心理上居高临下了。

11.习惯双手放在臀部站立

这多半是个性急的人,他总希望一切都不要拖延,凡事喜欢速战速决。

12. 习惯双手插进裤兜站立

这一类人大多城府比较深,不轻易向人表露内心思绪。性格偏于保守内向,而且极为敏感,警觉性颇高,不肯轻信别人。

13. 习惯一只手插进裤兜,另一只手放在身旁站立

这种人性格复杂多变,时而与人推心置腹,时而又冷若冰霜,对人处处提防,为自己筑起道道防护网。

14. 习惯双手紧握置于身前站立

这一类人对待事物成竹在胸,对自己的所作所为,充满成功感。踌躇满志,信心十足,是他们经常表现出来的神态。

15. 习惯双手交叠置于胸前站立

这类人个性坚强,不屈不挠。但由于过分看重个人利益,与人交往常摆出一副自我保护的防范姿态,拒人于千里之外,令人难以接近。

(三) 声响

在和人交往的过程中,经常以语言声调配合动作来传达信息,因而,通过语言交谈最容易了解一个人。比如,内心孤傲的人多存戒备,总等别人先开口,而夸夸其谈的人却

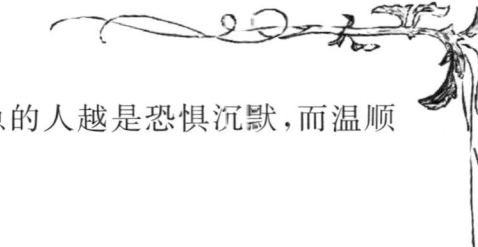

是常见的先开口说话;越是性急的人越是恐惧沉默,而温顺的人则在沉默中享受。

1.说话中停顿较长

这类人性格一般很深沉。但自信的人停顿也较长。停顿后讲的第一句话如果讲得含混不流利的话,则表示内心怯弱,思维紧张。

2.说话的节奏

说话节奏快的人,多半做事干脆利落,不喜欢拖泥带水。

说话节奏慢的人,则表示此时此刻心情的悠闲舒展,也可以反映性格上的大度、宽容。若说话慢且轻,则性格多为胆小谨慎,怕与人交往。

3.喜欢咬文嚼字

这种人对自己所处地位不满意,所以常用一些辞藻来掩饰内心的不充实。咬文嚼字的男性,则喜欢控制别人,想左右、控制他人;咬文嚼字的女性,多表示个性很强,争强好胜,敢于竞争。

4.喜欢插嘴

这一类人有着较强的自我意识,性格坚韧略带固执。而妙龄少女爱插嘴,则表示天真、单纯。

5.喜欢提问

爱提问的人一般都是谦虚者。他们时时都想从别人那里得到信息、知识或指示。但过于如此,则显示出依赖性较强而缺乏主见的特性。另外,声音柔和悦耳的人豁达大度;神经过敏、心理狭窄的人说话则容易伴有呼吸声、鼻音过重,声音刺耳难听;情绪不稳定的人则声调呆板,或是声音略有嘶哑。

(四)握手

与人见面,握手寒暄,现已成为最普遍采用的世界性"见面礼"。握手的动作虽然很简单,但每个人握手的方式又不尽相同,而这最能反映出个性来。

沉稳专注类型:这一类人握手时力度适可,行为稳重,双眼注视对方。此类人个性坚毅坦率,有责任感,而且可靠,思维缜密,善于推理,经常为人提供颇有建设性的意见。每当困难出现,总能迅速提出可行方法,深得众人信赖。

漫不经心类型:这一类人握手时只轻柔地与人触握。这类人随和豁达,绝不偏执,颇有游戏人世的洒脱,且凡事不为人知,谦和从众。

摧筋裂骨类型:这一类人握手时紧抓对方手掌,大力挤握,令对方痛楚难当。这类人精力充沛,自信心强,为人偏于专断独裁,但组织能力及领导才能均极超卓。

长握不舍类型:这一类人握手时久久不放。这类人情感丰富,喜结交朋友。一旦建立友谊,则忠诚不渝。

双手并用类型:这一类人握手时习惯双手揎持对方。这类人热诚温厚,心地善良,对朋友最能推心置腹,喜怒形于色且爱憎分明。

用手指抓握类型:这一类人握手时只用手指抓握对方而掌心不与对方接触。这类人个性平和而敏感,情绪易激动。不过,心地善良而极富同情心,具有乐善好施的胸怀。

上下摇摆类型:这一类人握手时紧抓对方,不断上下摇动。他们极度乐观,积极热诚,这使他们常常成为中心人物,受人爱戴倾慕。

回避握手类型:有些人从不愿意与人握手。这类人个性内向、羞怯、保守却真挚。他们不轻易付出感情,不过,一旦建立情谊之后,则会"情比金坚"。

(五)进食

浅尝即止类型:这一类人食量小,大部分个性保守,谨慎小心,墨守成规,稳亘有余而闯劲不足。

风卷残云类型:这一类人进食速度快,狼吞虎咽。他们大部分个性豪放,精力旺盛,有过人的狂热,办事果断,并且有强烈的竞争心和进取精神。

仔细咀嚼类型:这一类人进食速度极慢,总是细细咀嚼品尝食物。这类人办事周详、严谨,但对人爱挑剔,有时近乎冷酷。

饮食过量类型:这一类人进食量不加节制,凡是爱吃的食品一饱方休。这类人大部分性格直率,善于交际,易流露感情,喜怒哀乐皆溢于言表,从不掩饰。

来者不拒型:对食品从不选择,有什么便"享用"什么。这类人个性随和,不拘小节,生命力旺盛,能够同时做几项事情。

独自进食类型:这一类人总爱自己一个人,不愿与别人分享。

这类人大多性格冷僻,孤芳自赏,但坚毅沉稳,责任心强,信守诺言。

(六)口味

你的饮食口味是怎样的呢?你喜欢咸的、甜的,还是辣的、清淡的?你喜欢吃大米、面食,还是油炸、清蒸的食品?人类行为科学家指出,口味与性格之间存在着内在的、必然的联系。例如,以素食为主的人,性格柔顺而深沉内向;以肉食为主的人,性格粗犷且好激动。

喜吃蒸制食品的这一类人性格比较内向,显得平稳持

重,虽然常会有犹豫和动摇的时候,但很少流露出来。

喜吃油炸食品的这一类人爱触景生情,易受环境干扰,富于冒险精神,常有干一番事业的欲望,并且跃跃欲试。但是一旦受到挫折,就容易灰心丧气。

喜吃烤制食品的这类人上进心较强,精力较易集中,能专心地做事情。虽然喜欢出谋划策,但缺乏当机立断的勇气。

喜吃煮炖食品的这一类人性情温柔,脾气好,易与别人接近、交谈,较受人喜爱。他们常爱幻想,但从不计较想象中的事物实现与否。

喜吃冷食的这一类人比较坚强,对大自然保持着浓厚的兴趣,但不愿表现自己,也不太好接近。

喜吃清淡食品的这类人,特别重视人际关系,喜欢交往,不愿独自行事。

喜吃甜食的这类人热情开朗,平易近人,有亲近感,但往往又胆小怕事。

喜吃面食的这类人能说会道,喜欢夸张,对事情喜爱渲染,不太注意外界的影响,但是,意志不坚定,易丧失信心。

喜吃大米的这一类人性格稳定,好安逸,有点自得其乐,常自我陶醉,对人对事都很通融,善于接近别人。

温馨提示

对自己人际关系情况的鉴定

符合自己情况的在括号内记1分,反之记0分。

(1)常常把自己知道的知识教给别人。( )

(2)常常坦率地赞扬别人的长处。( )

(3)在别人遇到困难时,常常尽力相助。( )

(4)受到别人亲切对待时,善表达内心的感激之情。( )

(5)受到别人批评时,往往仔细检查自己的缺点并立即改正。( )

(6)习惯于先向人问候致意。( )

(7)约定的事情必定记录下来切实执行。( )

(8)经常保持整洁的服装接待客人。( )

(9)总会注意不为一点小事与人伤感情。( )

(10)经常保持整洁的服装与他人接触。( )

(11)不喜欢传播损人的"小道新闻"。( )

(12)往往不想通过损害别人来抬高自己。( )

(13)往往宽容而不在乎他人的缺点。( )

(14)喜欢对人畅所欲言。( )

第五章 认知他人情绪

人际关系度评语评价分：

低:0～4

稍低:5～7

一般:8～10

高:11～13

很高:14～15

自我鉴定内容

(1)自我评价为人际关系度"一般"以下的人,对人与人的接触持消极态度,往往在自己与他人之间设置障碍,倾向于过孤独的生活。这种性格得到强化的话,就会发生各种各样的人际关系上的问题。

因此,应该自觉地认识到,纠正"自我封闭的性格"对于自己的将来有着多么重要的意义。首先要纠正自己不爱交际的性格,对最亲近的人要增加接触次数,同时应尽量地与更多的人一起活动。这样就需要努力与他人交往,否则宝贵的一生就会可悲地流逝。

(2)"一般"以上的人,人际关系很好,主动积极地和人交往,互相合作,为他人尽心尽力,因而受到人们的尊敬,可以说是具有良好人格的人。但是,由于过多地考虑对方,克制自己,反而不能发挥自己的主导作用,缺乏影响力。因此,今后要保持自然的人际关系,与人交往时勇敢地采取有

目的的积极行动。

相关链接

笔迹与情绪

"字如其人",通过笔迹也可观察出一个人的性格来。不同情况下不同的人会留下不同的笔迹,有信手涂鸦的,有现场签名的,有日常学习、工作留下来的,通过这些不同类型的笔迹便可以大致地测出一个人的性格来。

(一)信手涂鸦

很多人都有在纸上随意涂画的习惯。在课堂上,在开会时,或在百无聊赖时,往往会在桌子上、墙上或是纸上留下不规则的"墨宝",而自己全无知晓,这种无意识的信手涂鸦往往反映了涂鸦者的性格与能力。

以下是一位美国心理学家研究了上万例"涂鸦"与人的心理特征之间的联系后得出的结论。

(1)三角形:习惯绘写三角形图像的人是思路明晰、理解力极高的人。这一类型的人擅长于逻辑思维,富有判断力和决断力。

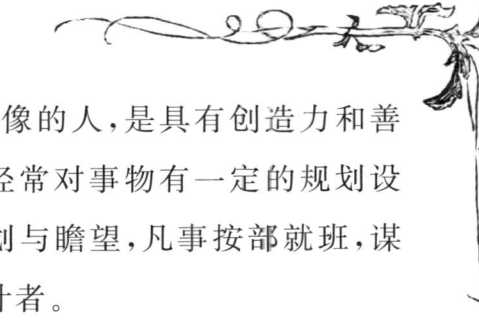

(2)圆形:习惯绘写圆形图像的人,是具有创造力和善于策划的人。在他的心目中,经常对事物有一定的规划设计,对自己的前途有一定的计划与瞻望,凡事按部就班,谋定而动,是难得的策划者和设计者。

(3)多层折线:习惯绘写多层折线图像的人具有高度的分析能力,反应敏捷。

(4)单式折线:习惯绘写单式折线图像的人,心里经常处于紧张状态,情绪飘忽不定,折线是其内心不安的表现。

(5)波浪形曲线:习惯绘写波浪形曲线图像的人,是个随和而富于弹性的人,适应力极强,很可能是个有人缘儿的人。这类人遇事总朝好处想,极富朝气。

(6)连续性环形:习惯绘写连续性环形图像的人,适应力极强,且善于体谅别人,对人生充满信心,对生活感到满足而有安全感。

(7)交错混乱线条:习惯绘写交错混乱线条图像的人,他们的生命力极强,一往无前,做事不达目的绝不罢休。

(8)不定型且棱角峥嵘图案:习惯绘写不定型而棱角峥嵘图像的人,极具竞争性,每件事都希望胜人一筹,会千方百计地寻求成功之路。

(9)不规则围合弧线:习惯绘写不规则围合弧线图像的人,豁达大度,玩世不恭,心境开放平和,不论顺境逆境,皆能应付自如。

（10）不规则线条绘在方格内：习惯在一个方格内胡涂乱画不规则线条图像的人，心理压力很大，情绪很低落，但对人生却抱有希望，并尽力寻找解决和克服困难的方法。

（二）字体

一般来说，男人的字体较大，转弯抹角的地方棱角分明，强劲有力；女性的字体较小，具有温柔感。另外，粗鲁的人笔迹粗乱无章，庄重的人笔迹显得格外端正，性格坚强的人的笔迹则刚劲有力。

一个人的字体选楷书体、字写得严谨整齐的多为性格稳定的人。性格活跃的人则多喜欢选择行书和草书，且写字不循规蹈矩。在一篇笔记中时而用楷书时而用行书的大多是缺乏自信的人。

娱乐型人字距较大；情感型人则把字写得略大，用笔颇重；思维型人字距间隔较小，且排列整齐。

下笔走势刚毅的人转锋角度很小，开朗的人则笔势紧密，气势轩昂的人用力较重，且在笔锋上往往紧密对比鲜明。认真老实的人笔锋划一，而爱幻想的人笔势走向多变。

性格自信、豁达的人临场签名基本上与平时写的字体差不多;自卑、胆小的人则会写得慌忙零乱,失去原有的章法和笔锋。

(三)书写方式

如果一个人在一张没有格子的纸上写上几句话,至少30个字,那么,你就可以发现:

(1)如果你写的字大部分是圆滑的,那么你脾气很好,细心谨慎,做起事来也从容不迫。

(2)如果你写的字大部分是尖细的,那么,你是个性格很活泼的人,有着较强的主动性和自信心。

(3)如果你的字习惯写得很大,则象征着你热情洋溢,锐气逼人。尽管你在很多方面都很擅长,但缺乏精益求精的态度。

(4)如果你的字习惯写得很小,那么你是一个有着良好注意力的人,办事想得很周密,且善于逻辑思考,对文学也颇有鉴赏。

(5)如果你的字习惯写得紧挨着,则你的私心较重,沉默寡言,由于任性孤独,不会和别人共事。

(6)如果你的字习惯铺得很开,表明你爱交际,坦诚待人,看重友谊,并且你懂得如何让你们的友谊长久不衰。

（7）如果你习惯写得很快，表明你是个富有感情、热心，值得信赖的人。丰富的想象力和幽默感将助你有所成。

（8）如果你习惯写得较慢，说明你有耐心，谨慎，善于思考。虽然你平时不善言语，但这并不表明着内涵的贫乏。你可能是个把感情埋得很深的人。

（9）如果你写字时习惯用力不重，你是个谦虚文雅的人，具有颇高的鉴赏力。可惜的是你魄力不足，常常因此而不能如愿。

（10）如果你写字习惯用力很重，说明你有强烈的支配欲，易自满，过于自信，而且将无法维护别人对你的信赖。

（11）如果你写的字习惯向右倾斜，那么，你具有热情、开朗的性格，关心别人的幸福，你的一言一行都充分表示出你的赤诚之心。

（12）如果你写的字习惯向左倾斜，表明你拥有一个善于分析的头脑。理智是最高统治者，感情永远都听从它的指挥。所以，你处理起事来显得脉络清晰，不会因感情用事而备尝失败的滋味。

第五章　认知他人情绪

格言小语

奥维德:《爱的艺术》要想了解自己,就要观察别人的行为,要想理解别人,就请体察你自己的心吧!

——席勒